# 長崎貿易

太田勝也

# まえがき

徳川幕府は、きわめて強固な封建制を形成し、二〇〇年以上もその体制を維持した。すなわち、国内政策を見れば、徳川氏の圧倒的な武力を背景として、将軍と大名・旗本・御家人にいたる確たる主従の関係を形成し、これを武家諸法度・諸士法度をもって法的に規制する体制を築いていた。

また、将軍の絶大な権力によって、朝廷・公家、寺社には禁中並公家諸法度、諸宗諸本山法度をもって、支配の秩序を形成していた。さらに、農民に対しては、検地によって村を形成し、村に農民を定住させて、村請け制に基づく徴税を確かなものとしていた。また農民からの年貢に加えて、主要金銀山を直営化し、貨幣の鋳造権を掌握して、その財政を確かなものとしていた。

しかし、商業政策について見ると、どうも、大名・旗本や朝廷・公家・寺社および農民に対する統制と比較すると、いま一つ厳しさが感じられない。これは、封建制の有する一つの特性かもしれない。

もちろん、幕府が商業に対して、何の対策も持たなかったということでないことは、今さら指摘するに及ばないことである。商業面においても、いろいろな問題が起きているから、そのつど対処しているのであるが、その政策に一貫した幕府の確たる姿勢が、政治部門などと比較すると明確に浮かんでこないところがある。それは、商業活動の性格（存在）が、農業活動などと比較すると、多様性に富んでいることに依拠しているのかもしれない。しかし、江戸時代の封建制を考える場合に、商業政策の特質も見逃せない存在にあるから、この分野に関する研究も大いに進展させる必要がある。

そこで、商業活動の代表的一つである対外貿易について、幕府がどのように対処したかを見ることが、このような課題を解明する一つの重要なヒントになる。

また、江戸時代の封建制について考える場合、国内政策とともに対外政策についても考えなくてはならない。通信使を迎える朝鮮国との関係、謝恩使を迎える琉球国との関係、対馬の宗氏による朝鮮貿易、薩摩の島津氏による琉球貿易、そして、幕府が直轄するいわゆる「鎖国」体制によるその他の外国との関係などをどのように認識するか、という大きな課題がある。この課題についても、長崎での対外貿易のことが問題となってくる。

本書では、右記のような課題意識により、江戸時代に長崎で行われた対外貿易について考察する。おもに幕初より正徳五年（一七一五）の、いわゆる正徳新例の成立に至る幕府の長崎貿易政策を考察する。すなわち、正徳新例が、幕府の長崎貿易政策上、行き着いた一つの体制と見ているからである。

本書が江戸幕府の商業政策や対外貿易政策の性格を考えるうえで、一つの材料を提供できるとすれば、筆者として大きな喜びである。

平成十二年十月

太田勝也

# 目　次

# 長崎貿易

# 序章　江戸時代初期の対外関係と長崎貿易

## 対外関係の概要

### 多様化する対外関係

古代・中世を通して、日本が関係を持った外国はきわめて少数であったことは、あらためて指摘するまでもない。古い時代における日本人の外国観は、唐・天竺という語に代表されるように、遠くは仏教発祥の国天竺と、隣接する中国が代表的存在であり、あとは朝鮮半島に興亡したいくつかの国々でしかなかった。このような外国観の狭さや実際に関係を持った外国の少なさは、外国から海を隔てた日本列島の置かれている地理的環境や食料をはじめとする生活必需品を自給できる自然環境、そして、日本に接する近隣諸国の情勢などの影響が大きく原因してのことと思われる。

しかし、十六世紀になると日本を取り巻く国際環境がにわかに多様化してきた。すなわち、日本の海商（貿易家）が活動範囲を広ろめて東南アジア一帯へ赴くようになり、また一方において、ヨーロッパ諸国のアジア進出が開始され、いち早く進出に成功したポルトガルの船が日本近海に出現するようになって、日本との関係が発生することになる。

江戸幕府の成立期に、日本と関係を持ったおもな外国および地域は、ヨーロッパ諸国ではポルトガル・イスパニア（スペイン）・オランダ・イギリス、アジア諸国・諸地域では明（後に清）、朝鮮、琉球、蝦夷、台湾、呂宋（ルソン＝フィリピン）、東京（トンキン＝ベトナム北部）、安南（アンナン＝ベトナム中部）、交趾（コウチ＝ベトナム南部）、占城（チャンパ＝ベトナム南部）、柬埔寨(カンボジア)、暹羅（シャム＝タイ）、太泥（パタニ＝マレー半島中部東岸）等々である。

これらの諸外国・諸地域との関係は、主として貿易を中心とするものであるが、時には、政治的な問題も発生しており、親善関係が保たれない状況もあった。そして、いわゆる「鎖国」政策の断行によって、これらのうちの特定の外国・地域との関係が消失したり、薄くなるのである。

## 明との関係

天文十六年（一五四七）の派船を最後に、日明勘合貿易は途絶え、この後には、彼我の民間商人による交易は行われていたが、日本と明との国家間の交渉は中断した状態となった。そして、倭寇の活動に加えて、豊臣秀吉の朝鮮出兵によって、日明関係はきわめて悪化した。秀吉の没後、日明関係の修復を図るべく交渉を開始したのが徳川家康である。

まず、家康は慶長五年（一六〇〇）に、薩摩の島津義久に明との交渉を命じている。これを受けた島津義久は、朝鮮出兵のときに連れ帰った捕虜の送還を行うとともに、坊ノ津の豪商島原宗安を使者として明に派遣し、通商の開始を交渉させた。家康は、この交渉を通じて勘合貿易の復活を企図したが、倭寇の行動や朝鮮出兵による明の対日不信がすぐに解消することはなく、その企図の実現は困難な状態であった。

しかし、島原宗安による交渉はいくぶんの成果をもたらした。すなわち、福州から毎年二艘の商船を日本に渡航させ、試みに貿易を行う約束の成立に漕ぎ着けた。そして、翌慶長六年に福州から二艘の商船が日本に向けて派遣された。

ところが、堺の伊丹屋助四郎らの一味がこれを洋上で襲い、積荷を掠奪するという事件を起こした。この不祥事件の発生によって、ようやく途につきかけた明との交渉は振出しに戻ってしまった。しかし、家康は、まだ明との通商の復活を諦めず、慶長十一年にふたたび島津義久に命じて交渉を試み、同十五年には渡来した明商人周性如を駿府に招き、日本渡航を許可し、いずれの港における交易をも自由とする朱印状を授ける一方、本多正純・長谷川藤広に命じ、書を福建総督陳子貞に遣わして、勘合符の要求をするなどの交渉を行わせている。さらに、同十八年には、家康は島津氏を通して琉球の中山王尚寧を介して明国と交渉させ、勘合符を要求させた。しかし、その甲斐もなく明との交渉は成立せず、結局、日明の国交は回復できずに終いとなった。

一方、この頃になると、自国の海禁を犯して日本に渡来する明船が、次第に増加する傾向にあった。家康はこのような明船の渡来を歓迎し、長崎に唐通事（とうつうじ）を置いて（慶長九年、一六〇四）、貿易の態勢を整え、渡来した唐船には日本のどこの港でも自由に入港し、貿易してよい旨の朱印状を与え、その安全を保証し、唐船の渡来を積極的に勧めている。その結果、渡来唐船数は次第に数を増し、九州の各港で貿易が行われた。

## 朝鮮との関係

豊臣秀吉は、文禄、慶長と二度にわたる朝鮮出兵を行ったが、慶長の役中に没した（慶長三年）。この秀吉の死によって、遠征軍は撤退することになり、戦後の処理へと事態が移行する。対馬の領主宗義智は、早くも翌慶長四年には、家臣の柳川調信を朝鮮に派遣して講和の交渉を開始しており、同七年には家康も宗義智に命じて修好の交渉にあたらせており、翌同八年、同九年には、朝鮮国使僧惟政らが来日するなどして、修好交渉が展開された。

とくに、貿易関係を、できるだけ早く恢復することを企図する宗義智は独自に交渉を進め、慶長十四年には、己酉条約の締結に漕ぎ着けた。しかし、旧来の状態に復したわけではなかったので、対馬側は元和三年（一六一七）には、ついに「日本国王源秀忠」の国書を偽作して朝鮮に使いし、交渉を急いだ。これに対して朝鮮から同国信使呉允護らが来日し、将軍秀忠に謁するに至った。

次いで、幕府は、同九年の家光将軍就任に際して朝鮮使節の派遣を要請したのに対して、翌寛永元年

（一六二四）に信使が来日して、秀忠さらに家光に謁し、将軍就任の賀詞を述べ、幕府はこれに対して国書・進物を贈るとともに、朝鮮遠征時に連れ帰った捕虜の返還などを行っている。

この後、後金軍が朝鮮に侵入した際、宗義成のもとに援軍の要請がきた。寛永五年（一六二八）、家光は必要あらば援兵の派遣に応ずる旨を伝えているが、実際には派遣に至らなかった。

寛永十二年には、国書偽作の件により、宗氏の家臣柳川調興が処罰されたが、翌同十三年には、朝鮮使節、任絖（正使）・金世濂（副使）らが来日して家光に謁し、また、日光山に参拝するなどして親交を深め、以後、朝鮮国から日本への通信使の派遣、幕府によるその歓迎という形式で日朝関係の修好が成立することになった。

## 琉球との関係

琉球との関係は、地理的な条件により、もっぱら薩摩の島津氏との関係であった。島津氏は大隅・日向を従えて次第に九州一帯へと勢力を拡大していくが、この勢力拡大に伴って琉球への圧力をも次第に強化していった。天正三年（一五七五）の「あや船」の渡来以後、島津氏と琉球の関係は、かなりぎくしゃくしたものとなっていった。

また、この後における豊臣政権の成立は、一層琉球への圧力強化となっていった。秀吉の朝鮮遠征に関わる琉球からの軍役調達の問題はさらに新たな抗争の因となり、薩琉関係はますます望ましからざる方向をたどることになる。

慶長七年（一六〇二）に、琉球船が陸奥に漂着した。この漂流民は琉球に送りとどけられたが、このことに対する琉球王からの返礼がなかった。これに端を発し、同九年に、島津義久は琉球中山王尚寧に書を送り、その非礼を叱責し、来朝を促した。しかし、それに対する琉球王の反応がなかったため、翌々同十一年に、義久は再度書を送り来朝を促した。そして、同十三年にはついに幕府の命を奉じて、島津氏は僧龍雲らを琉球に遣わし、重ねてその来朝を督促し、ついには翌同十四年に家康の承諾を得て、琉球に侵入し、たちまちのうちに、これを平らげた。そして、王尚寧以下を連れて鹿児島に凱旋し、このことをさっそく家康・秀忠に報じたところ、家康は、島津氏の琉球平定を功賞し、琉球国を島津氏の支配するところとした。

翌同十五年に、島津家久は琉球中山王尚寧を伴い駿府に至って家康に謁し、さらに江戸で秀忠に謁した。翌同十六年には、島津家久は琉球の検地を実施して支配を強化し、結局、琉球は島津氏のもとで本土並の支配を受けることになる（喜舎場一隆『近世薩琉関係史の研究』）。

ただし、琉球国を亡ぼしたわけではなく、中山王は存在し、謝恩使を派遣する形で幕府との関係を保った。

## 東南アジア諸国・諸地域との関係

十七世紀の初頭に、日本と関係があった東南アジアの諸国、諸地域として文献に名の現れている所は、信州・西洋・東京・安南・順化・交趾・迦知安・占城・柬埔寨・暹羅・太泥、そのほか摩利伽・高砂・毘耶宇・呂宋・密西耶・芠莱・摩陸などである。

**信州**　信州（シンシュウ）はその位置が必ずしも明確になっていないが、おそらく台湾島の対岸、中国福建省南部の漳州であろうと考えられており、慶長九年（一六〇四）年に二通の異国朱印状が出されている。また、長崎に来航する唐船の出帆港の一つである。

**西洋**　西洋（サイヨウ）も、その位置が明確とはいえない。明では福建あたりから見て、南西方面を漠然と西洋と称していたようであるが、朱印船の渡航地として西洋と記されている所は、おそらく澳門（マカオ）のことであろうといわれている。マカオは澳門のほかに天川、馬港などと記され、長崎に渡航するポルトガル船の貿易基地であったことはよく知られているが、慶長十二年まではしばしば朱印船が派遣された所でもある。しかし、慶長十三年のマカオ事件（有馬晴信の朱印船がマカオに寄港中、ポルトガル人と起こした紛争）の後、翌十四より幕府は、日本船のマカオ渡航を禁止した。

**東京**　東京（トンキン）は、現在のベトナム北部のハノイあたりのことである。広域的な呼称としては、安南国のうちに含まれ、安南の北部ハノイ周辺を東京と称したのに対して、南部のソンハあたりを交趾と称していたようである。東京は、京都の豪商角倉らの朱印船がしばしば渡航した所であり、長崎に来る唐船の出帆地の一つでもある。

**安南**　安南（アンナン）は、現在の南部を除くベトナムの地域にあった王国の称である。北部は臣の鄭氏が実権を握って支配しており、一般には東京と称されていた。南部は臣の阮氏が順化を中心として支配しており、交趾と称されていたようである。鄭、阮両氏ともに外交には安南の国号・年号を用いた。同国からは、幕初に日本海賊の乱暴に対する抗議の書状が朱印船に託されて、しばしば届けられており、家康はこれに対して海賊の処罰を告げ、また、贈物のやり取りがかなり頻繁に行われていた。しかし、寛永四年（一六二七）に、到来した書状の文面に非礼があるとして幕府は受取りを拒絶し、その後、翌同五年に書状と贈物が届いているが、次第に疎遠となった。

**順化**　順化（ソンハ）は、交趾の中心地であり、朱印船の渡航地の一つであった。

**占城**　占城（チャンパ）は、現在のベトナム南部に位置し、安南（交趾）に南接する国であった。ファンランとファンチェットの中間付近にソン・ルイ河が東シナ海に注いでいるが、この河口の港（潘里汛）に外国船が来航し、日本の船も行っていたようである。家康は、慶長十一年（一六〇六）・同十二年と続けて占城国王に書簡を送り、奇楠香（伽羅）を求め、同十四年には、長崎奉行長谷川藤広に命じて、その購入資金として銀二〇貫目を送らせている。そして、翌同十五年には、銀二〇貫目分の伽羅を受け取ったが、その量がきわめて少ないことを長谷川をして抗議させている。江戸時代初期の占城との関係については、わずかにこれらのことが知られる程度である。

**柬埔寨**　柬埔寨（カンボジア）は、占城の西に位置する国である。家康は、慶長八年に柬埔寨国王へ書簡を送っており、翌々同十年（一六〇五）に、柬埔寨国王から家康に書・方物が届けられ、また、家康もこれに答書して贈物をしている。この後も同十一・十三・十五年に書簡・贈物の交換があり、また、同十八年から同二十年にかけて各年異国朱印状を発しており、柬埔寨との関係はおおむね良好であったようであるが、時には、日本海賊の乱暴に対する抗議も来ている。日本からの朱印船はメコン河を遡上し、プノンペンやピニャールに赴いていた。

元和末年になると、柬埔寨からは、隣国暹羅との抗争が激しくなり、この争いに日本が介入せず中立を保ってほしい旨の書簡が来ている。これは、暹羅で山田長政らが活躍していたことについての牽制であろう。これに対して、幕府は、元長崎奉行であった長谷川藤広をして両国の和睦を願うことを申し送らせ、金屏風等を贈っている。この後も朱印船を同地へ派遣しているが、いわゆる「鎖国」政策の進行に伴い、幕府からの働きかけは姿を消し、彼我の交流は疎遠になっていったが、一方、柬埔寨からの貿易船は毎年のように長崎に来航していた。

**暹羅**　暹羅（シャム　タイ国）は、柬埔寨の西に位置している。アユタヤ（アユチャ）の日本町や山田長政の活躍などでよく知られており、江戸時代初期における幕府との交渉は、かなり密であった。

すなわち、家康は慶長十一年に暹羅国渡海朱印状を木屋弥三右衛門に発給すると同時に、暹羅国へ書状を送り、奇楠香（伽羅）を求めている。そして、慶長十五年にも書を送り、贈物をして鉄砲・塩硝を求めており、また同年には、先に日本商人の乱暴のため、太泥（パタニ）との通商が途絶えていたが、暹羅国王がこの調停にあたったりしている。この後、木屋弥三右衛門、ヤヨウス、長谷川忠兵衛藤継、高尾次右衛門など多数の者へ暹羅国向けの異国朱印状が発給されている。

そして、元和七年（一六二一）・同九年、寛永六年（一六二九）には、暹羅の使節が国書と象牙・奇楠香・鉄砲などの贈物を携えて来日しており、幕府側もこれに応えて返書と金屏風・駿馬などを贈っている。この暹羅のたび重なる使節の到来は、この頃、暹羅は隣国柬埔寨との争いが激しくなっていたために、日本との関係を密にして、事態をいくぶんでも有利に導こうとしたものと見られる。この後、幕府のいわゆる「鎖国」政策の断行により、朱印船の派船はなくなり、日本町在住邦人の帰国ができなくなった。しかし、いわゆる「鎖国」制下になってからも暹羅からの国書が到来しており、暹羅としては、政府間の関係を保ちたいという方向を示して来ているが、幕府は暹羅との関係を好ましく思わず、政府間の関係を密にする方向はとらなかった。たとえば、慶安五年（一六五二）に暹羅から書簡が到来しているが、これに対して幕府は、「暹羅之儀者臣下として主君を討国主ニ成申由風聞有之候左様之不儀日本ハ別而御嫌被成候之間、通用被仰付間敷候」（「長崎御役所留」内閣文庫所蔵）という立場をとり、暹羅との政府間の関係を持たない方向を示している。

しかし、民間レベルの商業関係は継続され、長崎に暹羅からの船がなお渡来し続け、貿易が行われた。

**太泥**　太泥（パタニ）は、マレー半島の中部のやや南の東岸に位置している。慶長四年（一五九九）と同七年に太泥国の使船が到来し、国王の書簡を齎している。これに対して家康は返書し、武具を贈っている。そして慶長九年（一六〇四）・十年には太泥向けの異国朱印状を発給している。

また、同十一年には、太泥国より、日本海賊の乱暴に対する抗議が来ており、家康は、これに返書して海賊の取締りを約している。この後における外交は明らかではないが、まれに太泥からの貿易船が長崎に来ることもあった。

## ポルトガルとの関係

ポルトガルとの関係は、天文十二年（一五四三）の鉄砲伝来のときよりはじまる。一五五七年に明からポルトガル人のマカオ居住が許可されて以降、ポルトガルは同地を拠点として、日本貿易を行うようになるが、同地に立ち寄った有馬晴信の朱印船の乗組員とポルトガル人との間で、慶長十三年に紛争が発生し、双方に死傷者を出す事件となった（マカオ事件）。この事件についての交渉を兼ねて、慶長十四年にポルトガルの貿易船（マードレ・デ・デウス号）が長崎に渡来した。交渉の結果、今後、日本船のマカオ渡航を禁止する措置がとられることになる。ところが、長崎港内において、有馬晴信方と、ポルトガル船との間で争いが起こり、結局、ポルトガル船は港内で爆沈することになる。これはマードレ・デ・デウス号事件といわれるが、これによって、幕府はポルトガル貿易を一時停止させる措置を講じた。この解決のために、マカオ使節が来日し、交渉して慶長十七年から貿易再開となるが、この事件は、幕府初期において国内で発生したもっとも代表的な国際紛争である。そして、長崎貿易に関しては、この事件を通じて、糸割符仕法が一段と強化された模様である。

ところで、このマードレ・デ・デウス号事件に伴い岡本大八事件といわれる興味深い事件が起きている。家康の腹心、本多正純の家臣に岡本大八という者がいた。この岡本はマードレ・デ・デウス号の撃沈事件を利用して一儲けすることを思いついたらしい。すなわち、岡本は、有馬晴信にこのポルトガル船の撃沈の手柄を家康に上聞し、その報賞としてかつて失った有馬の旧領回復の可能性を説き、有馬からそのための運動資金を引き出した。有馬はその朗報を待ったがなかなか音沙汰がないので本多方へ問い合わせたところ、これは岡本の詐欺であることが判明した。岡本は捕らえられ、結局は慶長十七年（一六一二）三月に火刑に処されるが、その取調べの過程において、有馬晴信がキリスト教を放棄していないこと、また、長崎奉行の長谷川左兵衛の暗殺を企てたことのあることなどを暴露した。このことによって、有馬晴信も取り調べられることになり、同年五月に配流先の甲州で自害に及んでいる。そして、この事件の捜査の過程において、切支丹が広範囲に存在することが明るみに出、駿府の家康の周囲にさえ多くの存在が確認されるにいたった。

この岡本大八事件を契機として、幕府はキリスト教禁止に積極的となり、翌慶長十八年十二月にはよく知られている金地院崇伝の作といわれる切支丹禁令の発令となり、この後に、幕府・大名による過酷なまでのキリスト教禁止・切支丹弾圧が展開されることになる。しかし、ポルトガル船との貿易については、禁止されることもなく長崎で糸割符仕法のもとで展開された。

## イスパニアとの関係

イスパニアは、一四九二年のコロンブスのバハマ諸島への到着以降、中南米への進出を企て、一五三五年にはメキシコに副王を置き、その植民地化を押し進めたが、ちょうど長崎が開港された一五七一年にはマニラを占領し、フィリピンの経営にとりかかった。この頃、日本の貿易船や倭寇船がフィリピンに渡ることもままあり、紛争も起きていたようである。このような状況において、日本では豊臣政権が支配を確立するが、天正十九年（一五九一）に、秀吉は呂宋に朝貢を要求した。この応対にはフィリピンのイスパニア政庁があたったが、文禄二年（一五九三）に日本船のフィリピンにおける乱暴を訴え、その取締り、また、海賊船と貿易船の区別をなす証明書の携帯、フィリピン渡航の日本貿易船数の規制等に関する返書を送って来ており、秀吉の要求にすぐに応ずることはなかった。

このような状況下、慶長元年（一五九六）九月にイスパニア船サン・フェリーペ号が土佐に漂着した。この報を得た秀吉は、さっそく浅野長政を派遣して調査に及んでいるが、この結果、イスパニアの植民地政策とキリスト教の布教が密接な関係にあることが判明し、さらに、同船にフランシスコ会の宣教師の乗っていることがわかり、日本で活動していたイエズス会の宣教師らは、これによって日本における同会の布教活動に支障の生ずることを恐れ、植民地政策と結びついているのはフランシスコ会の者たちで、イエズス会はそれに加担していないことを主張した。これによって、天正十六年にいわゆる伴天連追放令を出して後、あまり取り締まっていなかったキリスト教に対して、フランシスコ会の宣教師を中心に捕らえて長崎西坂で処刑するに至った（二六聖人殉教事件）。

この後、イスパニアとの交渉が進展しないうちに秀吉は、慶長三年（一五九八）に没するが、後を受けた家康は、同六年にフィリピン長官へ書簡を送り、海賊取締りの強化、フィリピン渡航の日本船数の制限を約し、その渡航船には家康の朱印状を携帯させることを通知した。これに対するフィリピン長官からの返書が翌同七年に来て、ここに日本と呂宋（フィリピン）間における朱印船制度の適用が成立した。

また、慶長七年八月、土佐清水港にイスパニア船エスピリトウ・サント号が漂着し、先のサン・フェリペ号事件のことがあったので、一時緊張した状態となったが、家康はイスパニア船の保護を図り、その後の交渉により、親善の方向へ進展していった。

慶長十四年九月、前フィリピン長官ドン・ロドリゴ・デ・ビーベロの乗ったメキシコへ向かう船が、上総夷隅郡田尻に漂着した。家康は駿府城に彼を招き、通商交渉を行った。そして、将軍秀忠は来日イスパニア船に対する通商許可の朱印状を与え、翌十五年に彼等をメキシコまで送り届けている。記録にはっきりしている太平洋横断初の日本人として知られている田中勝助は、このときに同行したものでる。そして、翌同十六年には、田中勝助らを伴って、イスパニア使節セバスチャン・ビスカイノが来日し、家康・秀忠に謁し、日本沿岸の巡検を願い許されている。この使節をメキシコまで送ったのが、支倉常長らである。彼等は慶長十八年に陸奥月浦を出発し、元和六年（一六二〇）に帰国するが、このとき、幕府はすでに厳しいキリスト教禁止を断行しており、イスパニアとの交際を進展させようという事態ではなくなっていたので、寛永元年（一六二四）、来日したイスパニア使節を薩摩から追い返し、ここにイスパニアとの交渉は断絶することになる。そして、同五年には長崎町年寄高木作右衛門の朱印船がメナム河口でイスパニア艦隊に拿捕され、朱印状が侮辱される事件が起き、イスパニアとの関係はますます悪化し、島原城主松倉重政などは呂宋征伐を計画して、将軍家光に進言したが、実行には移されなかった。

## オランダとの関係

ライン川の河口に位置するアムステルダムやロッテルダムの商人は、ポルトガルのリスボン港で東洋の物資を仕入れ、それをライン川を遡って、ヨーロッパの内陸に運んで売り捌き、利益を上げていた。このようにして、ネーデルランド（オランダ）地方は商業が栄え、宗教上ではプロテスタントの多い地域であった。ところが、この地方は、旧教を奉ずるイスパニア国王の支配下にあったので、とかく宗教上の摩擦が発生しがちであった。そして、一五八一年にオランダの地域は、ついに独立を宣言するに至った。この報復措置として、ポルトガル国王を兼ねていたイスパニア国王は、オランダ船のリスボン入港を阻止したため、オランダの商人達は東洋の物資を入手するために、自らアジアへ出向くことになった。

一五五八年、ロッテルダムのパンハーヘン会社は、五艘の貿易船を東洋に向けて出発させた。このうちの一艘であるリーフデ号が、ようやく太平洋を横断して、慶長五年（一六〇〇）に豊後に漂着した。船長のヤコブ・クワケルナックは衰弱して歩行も困難であったので、航海士のウィリアム・アダムスが大坂に赴き、家康に謁した。これを機にオランダとの交渉が開始されることになる。

オランダは、小規模な貿易会社を連合して一六〇二年に連合オランダ東インド会社を設立して東洋進出を企図し、翌年にはマレー半島の太泥に商館を設置している。

リーフデ号の乗組員は、慶長十年（一六〇五）に平戸領主松浦氏の世話で、太泥のオランダ商館に送り届けられた。この後、同十四年に、オランダ船が二艘平戸に渡来し、松浦氏の斡旋で家康と駿府で交渉した。家康はこれを歓迎し、日本のどの港でも貿易を許可する朱印状を与えた。そして、平戸にオランダ東インド会社の支所を設けて、貿易が開始されることになった。

平戸のオランダ東インド会社の支所は、平戸オランダ商館と称され、この貿易は、ポルトガルのように、キリスト教の布教を伴わなかったし、平戸のオランダ商館長は贈物を携えて将軍への挨拶を怠らなかったので、幕府も好意的であった。さらに、家康はウィリアム・アダムス（日本名、三浦按針）を、いわば外交顧問のように扱ったので、オランダにとっては何かと好都合であり、日本市場に現れたときには、ポルトガルにかなりの遅れをとっていたが、次第に商圏を拡大していった。この後、家康が没して後、翌元和二年（一六一六）に、幕府はヨーロッパ船の入港を平戸と長崎に制限する措置を講じたので、オランダ商館の活動も制約を受けることになるが、幕府のオランダに対する好意的な態度に変化はなかった。

しかし、寛永元年（一六二四）に、オランダが台湾の植民地化をはじめたことに伴い、翌年あたりから同地に赴く朱印船との紛争が発生することになる。翌寛永三年に端を発する、長崎代官末次平蔵の朱印船

**オランダ人（左）・紅毛人（右）図**（図書館情報大学所蔵）

（船長、浜田弥兵衛）との間で起こった紛争（台湾事件・浜田弥兵衛事件）は次第に拡大して、幕府は同五年に平戸オランダ商館の貿易の停止を命ずるに至った。この紛争の解決のために、バタビア（ジャカルタ）からオランダの使節が来日し、江戸に上って交渉を試みるが、この解決を見たのが寛永九年（一六三二）であった。この過程で、幕府は、朱印船の台湾渡航を停止し、さらに奉書船制度を設けて朱印船の海外渡航を一層厳しく制限した。

この台湾事件の解決の後、平戸オランダ商館との貿易が再開されたが、寛永十年二月二十八日付けの長崎奉行宛の老中奉書にはじまる、いわゆる「鎖国令」によって、平戸オランダ商館の白糸の輸入に際して、長崎のパンカド価格の適用が命じられた。そして、寛永十八年には、平戸オランダ商館の長崎出島移転が命じられ、出島における貿易は幕末まで継続することになる。

## イギリスとの関係

慶長五年（一六〇〇）に豊後に漂着したオランダ船リーフデ号の航海士ウィリアム・アダムスはイギリス人であった。家康は、アダムスを引見して、諸科学や海外情報に通じていた彼を大いに気に入り、江戸小田原町に屋敷を、また三浦郡逸見村に二〇〇石余の知行地を与えて旗本に加え、家康のいわば外交顧問的存在として扱った。

一六〇〇年に東インド会社を設立していたイギリスは、慶長十八年にジョン・セーリスを使節として日本に派遣して来た。平戸に着いたセーリスは、松浦氏の斡旋で駿府で家康に謁し、イギリス国王の書簡を呈して、さらに江戸において将軍秀忠に謁し、ふたたび駿府で家康からオランダへ与えたと同内容の日本寄港許可の朱印状を与えられて、平戸にイギリス東インド会社の支所（平戸イギリス商館）を設置し、日本貿易を開始することになった。

イギリスが日本の貿易市場に現れた時期は、ちょうど大坂の陣開戦の直前であったので、家康はさっそく大砲を注文し、さらに直臣の長谷川権六を平戸に派遣して、イギリス船のもたらす鉛・火薬の買占めを図り、豊臣氏攻撃に備えた。事実イギリスから輸入した大砲は、大坂城攻めに大いに有効であった。

平戸イギリス商館は、オランダ商館と同様に貿易とキリスト教の布教を結びつけなかった。また、アダムスが家康のそば近くに仕えていたので、かなりの有利さを備えていたが、ポルトガルやオランダにかなり遅れをとっていたし、また、イギリス商館は、日本の欲する生糸・絹織物など中国産の物資を仕入れるには、いまだアジアにおける体制を整えていなかったため、日本貿易は最初から順調に進まなかった。

元和二年（一六一六）に発令されたヨーロッパ船の長崎・平戸以外における貿易の禁止は、当然イギリス船にも適用され、経営不振が続き、結局、平戸のイギリス商館は開設して一〇年目の元和九年に営業を停止して、日本市場から立ち去っていった。

この後、延宝元年（一六七三）にリターン号が来日し、通商の復活を交渉してきたが、幕府の受け入れるところではなかった。

## 「鎖国」政策と長崎貿易

### 「鎖国」とは

元禄時代に、ドイツ人ケンプェルがオランダ東インド会社に雇われ、長崎出島に医師として滞在したことがある。彼は歴史に強い関心を持っており、後に『日本誌』を著わしているが、この書が長崎に渡来し、その一部分を長崎の元阿蘭陀通詞志筑忠雄が翻訳した。このときに「鎖国」という言葉が用いられており、これが文献上に現れた「鎖国」という言葉の初見であるといわれる。時に享和元年（一八〇一）のことである。

「鎖国」という言葉を文字どおりに解釈すれば、「国を鎖す」という意味で、外国との関係を遮断して国際的に孤立することを意味している。しかし、江戸時代の初期に幕府の対外政策によって成立した「鎖国」状態は、このような厳しい国際的孤立の状態ではなく、「鎖国的な制限がなされている状態」を内容とするものであることは、周知のところであろう。

幕府の行った「鎖国」政策は、明治期以降じつに多数の人々によって注目され論じられてきており、いまだに議論が絶えない課題である。したがって、「鎖国」についての認識が、けっして一様といえないのが現状である。ここでは、おおむね次のように認識しておくことにしよう。

すなわち、まず、「鎖国」状態について具体的に整理し、「鎖国」状態を成立させ、展開していく幕府の行為を「鎖国」政策、そして、「鎖国」状態を幕府の対外関係に関わる一つの形式・組織と見る場合に、それを「鎖国」体制とする認識に立つことにする。

まず、「鎖国」状態とは、朝鮮・琉球・蝦夷との関係を除く、老中の直轄支配・長崎奉行の管轄下において、おおむね次のような基本的要素によって形成されている対外関係に関わる状態と認識する。

①日本船・日本人の異国渡海禁止。
②異国居住の日本人の帰国禁止。
③ポルトガル船の日本寄港禁止。

④唐人・長崎オランダ商館関係以外の異国人の日本渡来禁止。
⑤唐船・長崎オランダ商館関係以外の異国船の日本寄港制限。
⑥異国人の日本居住の禁止・制限。
⑦国内港における外国貿易の相手を唐船とオランダ商館に限定。
⑧国内港における外国貿易を長崎一港に限定。
⑨海上銀（投銀投資）の禁止。
⑩異国居住の人との文物交流の禁止。

したがって、右記のような状態を成立させ、それを展開していく政策を「鎖国」政策と認識し、さらに、右記のような基本的要素によって形成されている江戸幕府の対外体制を「鎖国」体制というように認識する。

**「鎖国令」とは**

「鎖国」状態は寛永期に成立するが、この状態を形成するときに幕府が発した法令のことを「鎖国令」と呼んでいる。しかし、寛永期には「鎖国」という言葉自体がまだない時代であるから、幕府自身が「鎖国令」と名づけた法令は存在しないし、また、関係する法令文の中に「鎖国」という言葉を見出すこともできない。「鎖国令」とは、「鎖国」状態を成立させるときに出された関連の幕府法令を、後世の人が便宜上、そのように呼んでいるにすぎない。

さて、このような意味での「鎖国令」とはどのようなものかというと、おおむね次のようである。

①元和　二年（一六一六）　ヨーロッパ船の寄港、長崎・平戸限定令。
②元和　七年（一六二一）　日本人の異国船便乗渡航禁止令。
③寛永　元年（一六二四）　イスパニアとの断交令。
④寛永　八年（一六三一）　奉書船制度令。
⑤寛永　十年（一六三三）　◎二月二十八日付け長崎奉行宛老中奉書一七条。
⑥寛永十一年（一六三四）　◎二月二十八日付け長崎奉行宛老中奉書一七条。
⑦　二月二十八日付け長崎制札三条。
⑧寛永十二年（一六三五）　◎十二年付け長崎奉行宛老中奉書一七条。
⑨　唐船寄港、長崎限定令。
⑩寛永十三年（一六三六）　◎五月十九日付け長崎奉行宛老中奉書一九条。
⑪　南蛮人の長崎出島収容・国外追放令。
⑫寛永十六年（一六三九）　二月二十一日付け長崎奉行宛老中奉書一五条。
⑬　◎七月五日付けかれうた船（ポルトガル船）、日本寄港禁止令。
⑭　七月五日付けかれうた船、日本寄港禁止令に関する諸大名への通達。

⑮寛永十六年（一六三九）　唐・蘭船への切支丹便乗日本渡来禁止令。
⑯寛永十七年（一六四〇）　六月三日付けポルトガル船宛、日本寄港禁止・処罰令。
⑰　仲秋付け禁耶状論大明唐船。
⑱寛永十八年（一六四一）　オランダ商館、長崎出島移転令。
⑲　十八年付け論大明売船三章。

「鎖国」の概念に関わって該当する法令の異同が生ずるが、いちおう右のような法令が「鎖国」状態の形成に関わるおもなものである。◎をつけたものが一般的に「鎖国令」と称されているが、この法令だけでは、前記のような「鎖国」状態ができるわけではないので、「鎖国令」には少なくともここに取り上げたものをも含めた方がよいように思われる。

すなわち、③によって、イスパニアと断交状態が成立し、⑤⑥⑦⑧によって、日本船・日本人の異国渡海禁止、異国居住の日本人の帰国禁止の状態が形成された。そして、⑩⑪⑫によって、異国人の日本居住の禁止・制限、海上銀（投銀投資）の禁止が措置され、⑬によって、ポルトガル船の日本寄港が禁止されて、このことによって、現実的には、唐人・長崎オランダ商館関係以外の異国人の日本渡来禁止、唐船・長崎オランダ商館関係以外の異国船の日本寄港制限、国内港における外国貿易の相手を唐船とオランダ商館に限定、異国居住の人との文物交流の禁止の状態が成立する。そして、⑨⑱によつて、国内港における外国貿易を長崎一港に限定した状態が形成されている。

## 「鎖国」政策の理由

幕府は、なぜ「鎖国」政策を行ったのかということが、いつも問題とされており、これがいわゆる「鎖国論」の中心をなす課題である。

この点についての先学のおもな見解を整理すると、おおむね次のようである。

（一）キリスト教禁制説

日本人および日本船の異国渡海禁止、異国人との応接・貿易地の限定、ポルトガル船の日本寄港禁止等の目的は、まずはキリスト教禁止のためであろう。そこで問題になるのは、なぜキリスト教を禁止しなければならなかったのか、ということである。この点については、

①キリスト教邪教説（キリスト教は、日本の宗教を破壊する悪い教えである）
②旧教国の領土侵略説（キリスト教は、スペインやポルトガルの植民地政策の手先である）
③反封建思想説（キリスト教は、幕府の根本思想としている朱子学に反する教えである）
④思想統制説（幕府は、朱子学に反する思想を統制するためにキリスト教を利用した）
⑤反幕府勢力化阻止説（キリシタンが反幕府勢力と結びつくのを阻止しようとした）

というような見解がある。

慶長十七年（一六一二）の岡本大八事件を契機に、幕府の切支丹禁制が厳しく展開され出すが、その事情は、キリスト教の教義に関わる問題に加えて、事態として幕府の発したキリスト教禁令に信者たちが従

おうとしないので、このような幕府の命令に従わない者たちを放置しておくわけにはいかず、一掃しなくては将軍の威信にかかわるので、きわめて厳しい姿勢を示したという状況のように考えられる。

（二）金銀銅の海外流失抑制説

「鎖国」の理由について、キリシタン禁制面に加えて貿易統制面が注目されるようになり、「鎖国」政策の一要因として金銀銅の輸出を統制する側面を持つとする見解が出された。銀については、慶長十五年（一六一〇）から南鐐銀が輸出禁止となっていたが、寛永十三年（一六三六）に銅の輸出が禁止となっている。また、同十八年には金の輸出が禁止されているので、このような点から国にとって大切な金銀銅の輸出統制が「鎖国」政策に関わっていたのではないか、とする見解である。しかし、幕府が金銀銅の輸出統制を本格的に行うのは寛文期以降になってからであり、「鎖国」体制が成立した後に銀の輸出額などは、むしろ増加の傾向にあるので、「鎖国」政策と金銀銅の輸出禁止とはとくに関係がなかったと考えるべきである。

（三）商業資本の抑制説

幕府の権力は、農民の生産と彼らの納める税に支えられていたが、この体制が継続することができれば、幕府の権力も長らえることが可能である。すなわち、検地によって形成されたこの農村・農民の支配体制を保持することができれば幕府は安泰なのであるが、この体制を崩壊させる力となるのが都市の商業資本である。したがって、幕府は商業資本の成長を抑制する必要があった。そして、商業資本がもっとも大きく成長することが可能な部門が外国貿易であったので、幕府は外国貿易の統制をきわめて強化していった。この現れが「鎖国」政策であった、とするのである。

この見解は幕府権力に関わる論理としてはまさにそのとおりであり、事実、幕府の後半期になると、農村に問屋制手工業が発生し、さらにマニュファクチュアが興って、幕府の弱体化が進んだことは周知のところである。しかし、寛永期の幕府がこのような線に沿って対策を講じていたか、ということになると、必ずしもそのようには判断できない。たとえば、長崎貿易のもっとも利益が多い生糸輸入の部門を糸割符仲間に独占させる体制を強化し、また呉服師仲間へもその利益を分け与え、さらに分国配分を設定して、九州のおもな都市の有力町人へも生糸貿易の利益を分け与えることを行っているのである。商業資本を抑制しようというのであれば、これらの対策はまことに矛盾した方向を示しているし、また商業資本の抑制を本格的に問題とするのであれば、都市・町人に対する税制の強化などの対策がなされて然るべきであったものと思われるが、寛永期においては、そのようなことは何もなされていない。したがって、商業資本の抑制説は封建権力について考える場合に、大変興味のある見解ではあるが、現実的にはそのようなことではなかったように判断される。

(四)大名資本の抑制説

幕府としては、大名の資本が大きく成長することが脅威であったことは間違いない。大名が外国貿易を行って、資本を大きく成長させることは、幕府にとって由々しき問題であった。したがって、外国貿易から大名を排除する必要があった。事実、朱印船貿易に対する大名の参加が困難とされているし、また、寛永十年（一六三三）二月二十八日付け長崎奉行宛の老中奉書にはじまる、いわゆる「鎖国令」において、武士が貿易に参加することを禁じており、この意味においては注目される見解といえる。

しかし、大名の貿易参加を阻止したいというのであれば、大名に対する異国朱印状の発給を停止したり、長崎貿易への参加を禁止する措置をとれば事すむわけであって、在外邦人の帰国禁止や異国人の日本居住禁止・制限などは必要としないし、ポルトガル船の日本寄港禁止の必要もないわけであるから、大名資本の抑制を「鎖国」の理由としてあげる場合は、他の理由と合わせて考えるべきである。

（五）糸割符仲間の策動説

糸割符仲間が外国貿易の独占化を企図して幕府に策動したことにより、いわゆる「鎖国」政策が展開されたとする説である（林基「糸割符の展開―鎖国と商業資本―」〈『歴史学研究』一二六〉）。

この説は、従来、いわゆる「鎖国」政策の原因を考える場合、主としてキリシタン対策面から論じられる場合が多かったが、キリシタン対策だけでは理解できない側面があって、「鎖国」の原因論にかなりの行き詰まりが感じられていた状況のところに、政界と財界との関係という構図に基づく新たな視点から「鎖国」政策を捉え直したもので、新鮮味豊かな見解として学界で大いに注目された。

一つの政策をめぐって、政界と財界の癒着の構造がときどき問題となるが、「鎖国」政策はまさに江戸時代におけるその典型と見られるような印象を与えたこの見解は、大きな反響を呼び起こし、一時は「鎖国」政策の根幹が解明されたがごとくに評価された。

しかし、その後、糸割符仲間の性格に関する研究が詳細に行われることになり、糸割符仲間が幕府を動かして、いわゆる「鎖国」政策を行わせるほどの力を持つ存在でなかったこと、また、第一に「鎖国」政策の特徴は、ポルトガル船の日本渡航を禁じたところにあるが、糸割符仲間がそのもっとも得る利益の多いポルトガル船との貿易を断絶させる策動を行ったかという事実に対する説明がつかず、また、その他の対外関係に関わる諸事情が次第に明らかにされ、「鎖国」に関する糸割符仲間の策動説は、現在はあまり有力視されない状況となっている。

（六）オランダの対日貿易独占策動説

「鎖国」状態を形成する重要な要因として、日本船の異国渡海禁止とポルトガル船の日本寄港禁止が上げられる。わかりやすくいえば、日本の貿易市場から朱印船とポルトガル船が排除されることになった、ということであるが、これはオランダの策動による結果であるとする見解がある。日本の貿易市場におけるオランダの対抗相手はポルトガル船であり、朱印船であり、唐船であった。これらを排除したときに、オランダはもっとも大きな利益の獲得が可能となる。これに向けてオランダが、幕府に策動したことは事実である。方法はもっぱらキリスト教を利用したもので、オランダが、ポルトガルのキリスト教を利用した植民地政策、朱印船の海外におけるキリスト教との接触の可能性を、幕府に積極的に注進に及んだのである。また、唐船の持ち渡る中国の書物の中に、キリスト教関係のものが混入していることを、幕府に知らせたのもオランダであるといわれている。

　このことが少なからず「鎖国」政策に影響していたことは事実のように思われるが、このようだとすると、この見解はむしろキリシタン対策との関係で理解すべき性格のものである。
(七)　幕府権力の強化・確立説
　この見解は、簡略にいうと、寛永期における幕府の最大関心事は、将軍の権威を確かなものとし、幕府権力を強化・確立することにあったが、外国との接触によって発生する国際紛争が、この幕府の企図の障害になると判断され、国際紛争の発生を極力回避するために、「鎖国」政策が展開された、とする考えである。すなわち、解決難航の外交問題の発生を極力回避するために、幕府は、外国との接触を禁止・制限し、国内支配体制(幕藩体制)の強化・確立に専念した。ここで「鎖国」政策が展開された、とする理解である(中田易直「鎖国」〈『日本史の問題点』〉)。

　前述のように「鎖国」を形成する要素としてもっとも注目すべきは、日本船・日本人の異国渡海禁止ということである。この目的とするところは何かというと、まずは、キリスト教との接触を阻止すること、そして、国際紛争の発生を防止すること、この二点に幕府の主眼があったものと考えられる。

　幕初における外国とのおもな紛争を拾ってみると、
・慶長十三年　有馬晴信の朱印船、マカオ事件を起こす。
・同　十四年　マードレ・デ・デウス号事件起こる。幕府、ポルトガル貿易の停止を命ずる。

・寛永　三年　末次平蔵の朱印船、船頭浜田弥兵衛、台湾で紛争を起こす。
・同　五年　浜田弥兵衛、ふたたび台湾で紛争を起こす。幕府、平戸オランダ商館の貿易の停止を命じ、オランダ船を抑留する。
高木作右衛門の朱印船、メナム河口でイスパニア艦隊に拿捕される。幕府、報復措置として、長崎でのポルトガル貿易の停止を命ずる。
・同　六年　バタビアの総督ウイルレム・ヤンセンらが来日し、台湾事件につき交渉しようとするが、幕府応ぜず。
・同　七年　山田長政、シャムで毒殺される。
・同　九年　バタビア総督、台湾事件の責任者としてピーテル・ヌイツを幕府に引き渡す。幕府、オランダ商館との貿易再開を命ずる。

およそ以上のようなことが拾い上げられる。マカオ事件、マードレ・デ・デウス号事件、台湾事件、イスパニア艦隊の朱印船拿捕事件などが注目される国際事件である。

これらの事件の処理について、共通に見られることは、いずれも日本側＝幕府はけっして自らの非を認めることがないという特徴がある。これは、将軍の外交の特徴であろうと考えられる。国内政治においてそうであるのと同様に、将軍はけっして謝罪する存在にはない、という基本姿勢が現われている。

国内政治においては、将軍は政策の発令者ではあっても、その政策の責任をとらなければならない仕組みにはなっていない。政策実行の責任は、その担当者であって、将軍の責任は回避されるシステムになっているわけである。たとえば、将軍の政策の実行担当者はその政策が失敗したときには、事によっては腹を切って、将軍にその失敗の責任をとらなければならないのである。かりに、将軍が政治責任をとらなければならないという事態は、すなわち、将軍の政府＝幕府が崩壊するときであろうと思われる。これが、将軍を頂点とする徳川幕府政治の性格に関する一特質であろうと考えられる。

しかし、国際紛争の場合には、国家を代表するものは将軍であって、外国に対しての責任は、家臣がとることはできない状態にあったものと考えられる。すなわち、家臣が日本国家の代表者とはなれない、ということである。たとえば、台湾事件の場合は、事を起こした浜田弥兵衛に当事者としての責任はあるが、その解決は、朱印船の一船頭の処理できる性格のものではなく、オランダ方としては日本政府と交渉しなければ解決が不可能な事件である。このような場合に、かりに日本側に非があるとすれば、結局、将軍が責任を負う以外に解決の道はない。しかし、日本の将軍は事態の責任をとり謝罪するという存在ではけっしてない。ここに、国際紛争の解決の難しさが存在する。幕府側で望む解決の道は、ひたすら相手側に過失を認めさせ、将軍に対してその過失を謝罪させて、将軍は寛大に応対してそれを赦すという形を整える以外に適切な解決の方法はないのである。このような形をとらなくては、将軍の権威を守ることができにくいのである。

しかし、国際関係のうえでは、国内のそれとは異なり、つねにこのような幕府側の都合に合わせて、事が処理できるとは限らない。このような状況下で、幕府は国際紛争の発生の回避を第一に考え、異国との接触の場をきわめて制約し、まさに幕府の目の届く範囲でしか認めない方向をとることになった、と考えるのである。

また、朱印船の拿捕による御朱印侮辱事件などは、将軍の権威を直接侵される性格のものであるから、幕府側としては本来発生してはならない事件であり、発生した場合には、断固とした姿勢に出る以外に、将軍の権威を保護することができにくい性格の事件である。この場合、幕府の選択は国際的な場に断固とした姿勢で臨むほかないのであるが、しかし、その方向はそれなりの決断が必要であった。したがって、つまるところ、このような事件の発生を回避する方向をとることになった。これが、将軍の権威を保ち、国内統治の体制を確かなものとする幕府の企図により効果的な方策であった、と考えるのである。

以上のように、「鎖国」の目的・原因論については、いくつもの見解があるが、切支丹対策と国際紛争の回避などが、もっとも重要な意味を有していたのではなかろうかと考えられる。

## 「鎖国」制下の長崎貿易

元亀元年（一五七〇）の長崎開港から文禄期に至る二十余年間の長崎貿易は、もっぱらポルトガル商人と国内商人間における自由売買が行われていた。国内の商人の実態については詳らかではないが、元亀の長崎開港時の町づくりの様子を見ると、各地方からやって来た者が集まって一つの町を形成したといわれる。その中に平戸町・横瀬浦町や大村町・島原町などがあるから、おそらくポルトガル船が長崎に渡来するようになる以前に入港していた所や長崎近隣の商人たちが、長崎に移住したり往来したりして貿易を行う中心的存在にあったもののように推察される。もちろん、上方の商人も来ていたものと思われる。

文禄期になって、秀吉政権の長崎奉行が設置されて、中央政権との関係が強化されてくるが、しかし、さしたる貿易統制が行われた形跡もなく、なお、自由貿易が行われていた。長崎開港より江戸幕府が成立する慶長初期に至る三十数年間の長崎貿易は、もっぱらポルトガル船を対象としたものであるが、慶長期になって、唐船が幾分加わるようになってきたようである。ポルトガル船・唐船との貿易のほかには、日本の商船が東南アジア諸地域に出向き、中には海賊的行為をなす者もあったようであるが、慶長期になって、朱印船貿易の制度が確立して、これらによって海外の物資が日本にもたらされていたから、長崎貿易は、このような環境における国内の港で行われた外国貿易としては、その存在がかなり高かったものと判断される。

ところが、慶長期後半に入って、平戸におけるオランダ東インド会社（平戸オランダ商館）とイギリス東インド会社（平戸イギリス商館）との貿易がはじまり、長崎貿易はこれら国内港における外国貿易の一部を担う存在となった。

しかし、その後の展開で元和末年にイギリス東インド会社との貿易が途絶え、また、いわゆる「鎖国」政策の展開によって、朱印船貿易に対する制限が強化され、ついには廃止となり、加えて、これまで長崎貿易の主体であったポルトガル船との貿易も断絶して、唐船の貿易地が長崎一港に限定され、さらに平戸のオランダ商館が長崎出島に移転させられたことによって、長崎貿易は、唐船とオランダ商館を相手とする国内の港で行われる外国貿易として唯一の存在となった。

このほかに、外国貿易としては、対馬の宗氏による朝鮮貿易と、薩摩の島津氏による琉球貿易とがあったが、外国へ日本船が出向いて行って、ほしい物を入手して持ち帰るという形の貿易が、「鎖国」政策の展開によって、制限が一段ときつくなり、外国の物資を入手するという面において、長崎貿易はきわめて重要な存在となった。

このような存在の長崎貿易に対して、幕府の基本的な政策を見ると、はじめは、貿易の運営を管理して、順調に取引きの行われることを幕府的に円滑ならしめる対策が性格として強かった。しかし、寛文期になると従来の多量の銀輸出の結果、国内の使用銀不足が懸念されだし、これは貨幣の問題に直結することであるので事は重視されて、急遽、銀の輸出を抑制して、なおかつ貿易取引きが円滑に運営される方向の政策が必要とされた。この路線に沿って、貨物市法さらに御定高制度が開発適用され、銀輸出抑制的性格の政策が強化されていく。この銀輸出抑制の政策は幕末まで変わるところはない。

一方、貿易利益の追求に関わる側面を見ると、その初期においては、幕府自身が貿易による利益獲得についてはかなり淡白であったと見てよい。すなわち、幕府が貿易を通して利益を獲得しようとする場合におもな方法は二つある。一つは自ら投資して商業行為によって利益を獲得する方法であり、もう一つは貿易の管理を国家的権力をもって行い、要するに取引きに関税を課して、それを幕府の財源とする方法である。

本来、封建権力は、商業的な利益追求に手を染めるべきではない、とする考えが濃厚であるから、幕府が貿易を通して金銭を獲得する場合には、貿易を管理することによって関税を課すという方法をとることになる。しかし、幕府はその初期においては、輸入関税の制度を設けて、税収入の獲得を行ってはいない。貿易による利益は、糸割符仲間をはじめとする貿易商人や貿易の管理・運営に強く関わりを持つ長崎に与えられていた。

しかし、幕府の財政難が進展するに及び、この態勢を一転しなければならなくなる。その時期が元禄期である。幕府は元禄十年（一六九七）に長崎貿易の大改革を行い、長崎会所貿易の体制をつくりあげる。そして、この後に、長崎会所の貿易に運上金を課することになる。

元禄後半期には、輸出品をどのように確保して輸入の決済にあたるかが大きな課題となっていたので、幕府は大坂に銅座を設けて、輸出銅の確保を図るが、なかなか事態が好転するに至らなかった。この後は、正徳新例によって、長崎貿易の運営を法的に組織して、輸出品の確保に応じた御定高の調整を行いつつ長崎貿易の運営にあたることになる。

# 第一章　糸割符に関する諸問題

## 糸割符とは

### 「糸割符」の読み方

徳川幕府が、国内の港における渡来外国船との貿易対策として、最初に打ち出したのが、長崎におけるポルトガル船貿易に対する糸割符仕法の適用である。これは、家康が征夷大将軍に就任した翌慶長九年（一六〇四）のことである。

糸割符については、明治以降、かなり多くの人々によって注目され、論じられてきているが、まず、これに関する基礎的なことがらについて検討しておこう。

はじめに「糸割符」の読み方についてであるが、この用語を漢字書きで見たとき、どのように読めるであろうか。ごく一般的に、音読みにすれば、「しかっぷ」、訓読みにすれば、「いとわりふ」であろうか。また、「糸」と「割符」を分けて読もうかとする方法も考えられる。「糸」は「し」か「いと」と読むほかないが、「割符」の方は、いくぶん複雑である。「かっぷ」、「わりふ」のほかに「さいふ」という読みが出てくる。ちなみに『広辞苑』で引くと、「さいふ【割符】（サキフの音便）中世における為替手形」と書かれている。そうすると「いとさいふ（いとざいふ）」とも読めることになる。事実、以前にはこのように読まれていた例も見受けられる。「割符（さいふ）」という用語もけっして一般的なものではないが、「割符（さいふ）」の方がどちらかといえば先に知られていた用語であって、これよりも後に「糸割符」という用語が取り沙汰され出したという事情があったのかもしれない。要は、仮名書きの江戸時代の記録があれば、疑問はかなり解消されることになるはずである。

江戸時代に書かれた「糸割符」に関する記録は「糸割符由緒書」をはじめとして、かなり多数を数えることができる。しかし、それらの記録には、割符・糸割符・白糸割符・大割符・小割符・割符人という類の用語が頻発するが、これらについて、仮名書きの用例はとなると、これが意外に僅少である。しかし、皆無というわけではない。たとえば、元禄十六年（一七〇三）に大坂で刊行された『長崎虫眼鏡』という長崎の地誌があるが、これには、「白糸わっふの儀ハ」・「わっふ中えねたん相きわめ」・「五ケ所わっふ中として」・「ごふく所わっふ高」などと書かれており、これによれば、「糸割符」は「いとわっぷ」と発音されていたものと思われる。

ところが、そうでないものもある。たとえば「長崎覚書」（大村史料館所蔵）では「いとわりふ」とルビがつけられている。『國史大辞典』（吉川弘文館発行）では、「いとわっぷ」と読まれており、高等学校用の日本史の教科書でもすべて「いとわっぷ」と読ませているように、「いとわっぷ」と読むのが一般的な知識となっているようであるが、「いとわりふ」と読んでもあながち誤りともいい切れないようである。

## 「糸割符」の語意

糸割符というのは、いうまでもなく江戸時代に長崎で行われた外国貿易に採用された一つの取引きの方法のことであるが、「糸割符」とは、そもそもどのような意味なのであろうか。

まず、「糸割符」の「糸」は、これは生糸のことである。蚕の繭からとる生糸は、江戸時代の初期には日本でも生産されていたが、国内の需要を満たすほどの量には至っておらず、外国から多量に輸入していた。輸入生糸の大半は、明国（中国）産のもので、黄糸・ふし糸・屑糸・片寄糸・朴糸などの名が見られるが、量的にもっとも多かったのが白糸と呼ばれたものである。

次に「割符」についてであるが、江戸時代の中期に堺で書かれた糸割符に関わる『糸乱記』という書物がある（中田易直校訂『糸乱記』）。これには「割符」を「割賦」と書く人がいるが、これは誤りで、「糸割符」の「符」は「賦」の意味を持たない、と書かれている。すなわち、「賦」には「くばる・わける・わりあてる」の意味と「とりたてもの・みつぎもの・ぶやく」という意味がある。『糸乱記』では、このような意味を持っていない、と述べられている。そして、「割符」とは「符を以て之を割ると言うこと」であると解説されており、さらに「符」とは、「大を以ていふ時ハ、則ち、堺百弐十丸、京百丸、長崎百丸、小を以ていふ、則、百斤・五十斤なり」と解説されている。この意味はいくぶんわかりにくい内容を含んでいるが、「符」には「大」と「小」の別があって、「大」の場合は「堺　一二〇丸、京都　一〇〇丸、長崎　一〇〇丸」のことで、「小」の場合は「一〇〇斤、五〇斤」のことである、という。

すなわち、後述するように、糸割符仕法では、、ポルトガル船から三ケ所糸割符仲間が白糸を一括輸入し、それを堺一二〇・京都一〇〇・長崎一〇〇の比率で、この三ケ所に分ける仕組みがとられていた。この三ケ所へ白糸を分ける比率の「数」が「大」に相当する「符」である。そして、三ケ所に分けられた白糸は、各都市において、その都市の糸割符仲間の構成員へ彼ら個々の持ち株に応じて、生糸を一〇〇斤、五〇斤というように配分する。すなわち、生糸は目方で売買されており、その目方の単位として「斤」(一斤=一六〇目)が使用されていた。この「斤」表示による配分の「数」が、「小」に相当する「符」である、というのである。

『糸乱記』の解説に従えば、「符」とは、この三都市へ輸入白糸を分ける比率と、各都市の糸割符仲間の構成員の持ち株相応に白糸を配分する「数」のことであり、したがって、「糸割符」とは、輸入生糸を所定の数的基準によって割る(分ける)、という意味になる。

## 糸割符仕法の概要

糸割符仕法に関わる個々の問題について、順次後述するが、理解しやすいように、糸割符仕法と呼ばれる貿易の方法の概要を先に記しておくことにしたい。

糸割符仕法は、最初は、長崎におけるポルトガル船との貿易の方法として、慶長九年（一六〇四）にはじめられた。堺、京都、長崎の三都市から富裕な町人が選ばれて、糸割符仲間と称される株仲間が結成された。これを三ケ所糸割符仲間と呼んでいる。この株仲間は、ポルトガル船が長崎に持ち渡った種々の品物のうち、白糸と称された中国産の生糸を独占的に一括輸入し、それを国内市場へ売り出して得られる利益を得る権利を幕府から与えられていた。

糸割符仲間の代表者を糸年寄あるいは糸割符年寄といい、堺、京都、長崎の各都市の町年寄がこの役を兼務した。ポルトガル船は、通常はマカオより各年六月頃から長崎に来港する。この頃に、各都市の糸年寄は長崎に来て、長崎奉行の指示に従って、ポルトガル船からの白糸の輸入を行う。

まず、糸年寄は、長崎奉行の貿易開始の指示が出ると、夏から秋にかけて長崎に渡来したポルトガル船側と白糸の輸入価格を折衝し決定する。この行為を白糸値組（しらいとねぐみ）とかパンカドという。ここで決められた白糸の輸入価格は、その後、翌年の同時期に改定されるまで一年間適用された。

そして、白糸の輸入価格が決定すると、白糸以外の品物の輸入が一般の商人に開放される。すなわち、糸割符仕法では、白糸値組によって、その輸入価格が決定されるまで、一般商人の長崎市内立入りが禁じられており、白糸の輸入価格が決定した後に、白糸以外の品物の輸入が、輸入商人とポルトガル商人との間の自由売買の方式で許可されたのである。こちらの自由売買の方式を相対売買法と称している。

輸入価格が決まった白糸は、糸年寄によって一括輸入され、家康からの注文分を差し引いて、その残部を堺一二〇、京都一〇〇、長崎一〇〇の比率で三都市へ配分される。この比例配分の方法を題糸配分（だいしはいぶん）という。三都市に配分された白糸は、各都市の糸割符仲間の構成員へその持ち株数に応じて分配される。そして、この白糸は市場へ出され売られていく。すなわち、白糸の輸入価格と市場への売却価格の差額が糸割符仲間の利益となる。この利益銀を糸割符増銀（いとわっぷましがね）という。もっとも実際には、長崎で一括輸入された白糸は、糸割符仲間の構成員個々へは分配されずに、すぐに売却され、ここに生じた糸割符増銀が三ケ所糸割符仲間へ所定の比率で配分され、各都市でその構成員へ個々の持ち株数に応じて配当金が支払われる仕組みであったろう。

## 糸割符仕法の変遷

三ケ所糸割符仲間によるポルトガル船からの白糸の一括輸入は、寛永七年（一六三〇）まで続けられたが、同八年から同十年頃にかけて、これが改革された。すなわち、江戸と大坂が新たに加わり、五ケ所糸割符仲間が結成され、白糸の配分率は、江戸一〇〇、京都一〇〇、堺一二〇、大坂五〇、長崎一〇〇と決められた。さらに、呉服師配分が加わった。呉服師というのは、幕府が必要とする呉服物の調達を命じられた特定呉服商人の仲間のことで、これは利の薄い仕事であったようで、この援助として、幕府は糸割符仲間の得る利銀の一部をこちらへあてることを考えたようである。すなわち、呉服師仲間へは、生糸一六〇目を一斤とし、五〇斤を一丸とする定量規定により、六〇丸を配分することにしている。この定量配分のことを現糸配分（げんしはいぶん）という。さらに、寛永期には、博多・柳川・久留米・佐賀・対馬・平戸・小倉・下関へ合計三六丸半の現糸配分を行うこととし、これを分国配分（ぶんこくはいぶん）と称している。要するに、寛永期の改革で、五ケ所糸割符仲間への配分のほかに、呉服師配分と分国配分がはじまり、輸入白糸の合計から呉服師仲間と分国へ配分される現糸九六丸半が差し引かれ、これが五ケ所糸割符仲間へ題糸配分されることになったのである。もっとも、配分先が拡大したために、糸割符仲間への配分が減少することになった。この対策として、寛永八年からポルトガル船に加えて、唐船の持ち渡る白糸も糸割符の対象とされた。

そして、寛永十年（一六三三）二月二十八日付けの長崎奉行への下知状にはじまる従来いわれてきた、いわゆる「鎖国令」によって、長崎貿易における糸割符仕法の適用が強化されて、同十八年のオランダ商館（連合オランダ東印度会社日本支店）の長崎出島移転とともに、オランダ商館との貿易も糸割符仕法の適用下におかれた。

この後、明暦元年（一六五五）に至って、この糸割符仕法が廃止されたが、貞享二年（一六八五）に、明暦の廃止以前の方法がそのとおりに復されたわけではないが、再度採用された。そして、元禄十年（一六九七）に、かなり大きな変更が加えられた。すなわち、まず、分国配分が廃止され、五ケ所糸割符仲間への題糸配分が現糸配分へ変えられ、その配分数は、江戸一〇〇丸、京都一〇〇丸、堺一〇〇丸、大坂五〇丸、長崎一五〇丸とされた。そして、このほかに、幕府買上げの御用糸三〇〇丸、呉服師配分七〇〇丸があって、合計現糸一、五〇〇丸（七五、〇〇〇斤＝一、二〇〇万貫目、約四五、〇〇〇キログラム）が、五ケ所糸割符仲間・呉服師仲間・幕府御用糸へ割り当てられることになり、これに余った生糸は、余糸と称されて長崎会所や代物替会所の扱う品物と同様の扱いとされた。

## 糸割符の創始と五ケ所糸割符仲間の成立

### 糸割符仕法創始の事情

さて、糸割符仕法は慶長九年（一六〇四）にはじめられたとされるが、創始の事情について検討しておくことにする。糸割符仕法の創始に関して、史実としてもっともはっきりしていることは、いわゆる「糸割符御奉書」が下された、という事実である。

徳川家康が征夷大将軍の宣下を受けたのは、慶長八年二月十二日のことであるが、この翌慶長九年五月三日付けで、次に示す奉書を下している。

黒船着岸之時定
置年寄共糸の袮
い多佐ゝる以前尓諸商

人長崎江不可入候
いとの祢相定候上者萬
望次第可致商賣者也

本多上野介（花押）

慶長九年五月三日

板倉伊賀守（花押）

右の奉書は、「糸割符御奉書」と称されるが、これと思われるものが、現在、天理図書館に所蔵されている。

さて、右の「糸割符御奉書」の書面に現れている内容は、あらかじめ「年寄」を定め置き、黒船（ポルトガル船）が長崎港に到着したならば、この「年寄」が糸（白糸=中国産生糸の一種）の輸入価格を取り決めることとし、この決定以前に諸商人の長崎市内への立入りを禁じ、白糸の輸入価格が決定した後、諸商人は望み次第に長崎市内に立ち入って貿易してよろしい、ということだけであり、これ以上のことは書かれていない。しかし、ここに現れているポルトガル船を対象とする輸入に関わる方法は、この背景に糸割符仲間が存在していてこそ成立する方法と解釈されている。すなわち、この奉書の下付によって、前に概略を示した糸割符仕法が、最初から完成した形でとは思われないまでも、開始されたものと考えられている。

ところで、この「糸割符御奉書」がどのような事情により、何を目的として下付されたのであろうか。この事情を伝えている史料に「糸割符由緒書」や長崎の地誌、旧記の類がある。

「糸割符由緒書」や長崎の地誌・旧記類はいくつもあり、すべてが同じ書き方をしているわけではないが、類似したものがわりあい多く、そこに書かれている要点を整理すると、おおむね以下のようである。

①小笠原一庵が長崎奉行のときに、次のようなことが起きた。

②ポルトガル船が一艘長崎に渡来した。しかし、この船の積荷が一向に売れず、帰ることもできずに「両年」長崎に逗留することになった。

③事態に窮したポルトガルの加比丹（船長）が、その善処方を長崎奉行小笠原一庵に頼み込んできた。

④小笠原が、この事態を家康に申し出たところ、このままポルトガル船を帰帆させたのでは、以降貿易に来なくなる恐れがあるので、富裕な町人に命じてこのポルトガル船の積荷を買い取らせるようにせよ、との下命があった。

⑤小笠原は、京都、堺、長崎とその近辺の富裕な町人に命じて、このポルトガル船の積荷を買い取らせて帰帆させた。

⑥ところが、翌年、ポルトガル船が長崎に渡来し、安価に積荷を売りはじめた。これでは、前年に家康の命令でポルトガル船の貨物を買い取らされた者たちは、大損失を被ることになるので、これから以後も、自分たちだけにポルトガル船が持って来た白糸を買い取らせるようにしてほしい旨を出願した

ところ、これが聞き入れられて、慶長九年（一六〇四）五月三日付けの「糸割符御奉書」が下された。おおむね以上のような事情が伝えられているが、ここに書かれていることをどのように解釈するのか、という問題がある。すなわち、ここに書かれていることが、信頼できるのか否かという問題である。

この点について、小笠原が長崎奉行の職にあったのは、慶長八年から同十年の期間であるが、この期間に、ここに書かれているポルトガル船に該当するような貿易船は見あたらないとして、この話は信用できない、とする見解がある（高瀬弘一郎「教会史料を通してみた糸割符」〈「社会経済史学」三七―五〉）。すなわち、従来の研究では、長崎港に両年逗留したポルトガル船が帰帆したのが慶長八年で、また渡来して積荷を安価で売り出したので前年に家康の命令でポルトガル船の品物を買わされた町人が運動して、「糸割符御奉書」を下付されたのが翌慶長九年のこととする解釈がとられていたが、ポルトガル船の情報に詳しいイエズス会側の史料によれば、これに該当するポルトガル船が見あたらないというのである。

たしかに、「糸割符由緒書」などにある当該記事は、解釈の仕方によっては、不合理な点がある。

まず、小笠原が長崎奉行の職にあったのは、慶長八年から同十年の期間である。たとえば、慶長八年に長崎に渡来したポルトガル船が、両年逗留して帰帆したとすれば、慶長九年五月三日付けの「糸割符御奉書」下付の事実と噛み合わない。たとえポルトガル船の帰帆年を小笠原の奉行在任の初年である慶長八年のこととしても、翌九年の夏に渡来したポルトガル船が、その積荷を安価に売り出したので、これではその前年に家康の命令でポルトガル船の積荷を買わされた者たちが大損失を被ることになるので、以後この者たちだけにポルトガル船の白糸を買い取らせることにしてほしいことを、京都、堺、長崎の三ケ所糸割符仲間のもとになる者たちが談合してまとめあげ、それを家康に申し出て、慶長九年（一六〇四）五月三日付の「糸割符御奉書」の下付となったという事態は、時間的に見てかなり無理があり、信頼できる話ではない。

このように見ると、「糸割符由緒書」などに書かれている「糸割符御奉書」下付に関わる話は、にわかに信用できないことになる。そして、イエズス会側の記録に、この話にあるようなポルトガル船を見出すことができない、というと一層疑わしくなる。

しかし、ポルトガル船長崎両年逗留を、小笠原の長崎奉行在任中の出来事と見なさない解釈も成立するとし、逗留したポルトガル船の「両年」は、慶長五年から同六年であれば該当する船があり、「糸割符由緒書」に書かれている「糸割符御奉書」下付に関わる話は、大筋において信用されるとする見解も強力に主張され、議論が巻き起こった（中田易直「糸割符仕法の起源」〈『中央史学』一-二〉）。

この「糸割符由緒書」などにあるポルトガル船の帰帆、再渡来の年を慶長八・九年の出来事と解釈すると、たしかにこれに該当するポルトガル船の存在が疑わしく、「糸割符由緒書」などの話が当然信頼できないことになる。

しかし、「糸割符由緒書」などのこの話の主旨は、小笠原が長崎奉行在任中の渡来ポルトガル船の積荷が売れなかったことに発する当該ポルトガル船の帰帆・再渡来に関わる事実を述べようとしたものではなくして、小笠原が長崎奉行のときに、「糸割符御奉書」が下付された事実を述べたものと解釈すべきではなかろうか。そうすれば、この話の不合理な点はかなり解消され、あながち作り話でもないのではなかろうか、とも考えられる。

そもそも、「糸割符由緒書」がなぜつくられたかを考えてみる必要がある。由緒書がつくられる一般的な事情は、自己の経歴を立派なものとして誇りたいとか、あるいは自己の有する権利を保護する必要がある、というようなことが代表的なものである、ということができよう。この判断基準によれば、糸割符仲間がその経歴を誇り、かつ仲間の権益を保護する必要があって、彼らの由緒書を作成することになったものと推測される。いうまでもなく、糸割符仲間の持つ最大の権益は、ポルトガル船が持ち渡った白糸を一括輸入し、その販売利益を独占することにある。この権益を保証するのが権現様(家康)から下されたこの「糸割符御奉書」である。したがって、この仲間の権益を危うくする事態が発生したときに、糸割符仲間はこの「糸割符御奉書」を持ち出し、その下付に至った事情説明が必要となる。このときに「糸割符由緒書」が作成されることになったと見て、まず大過ないものと判断される。

「糸割符由緒書」にも書かれているが、糸割符仲間にとって最初の危機が訪れたのは、元和年中のことである。すなわち、二代将軍秀忠のときに、糸割符について私の決めごとが行われているのではないのか、という疑いが持たれ、松平右衛門を通じて長崎奉行の経歴を持つ長谷川左兵衛に下問があり、調査が行われた。このとき、糸割符仲間は、伏見城において家康の御前で下された証拠の品を提出したところ、たしかな品と認定され、仲間の特権が再確認された、というのである。おそらくこのときに、後世に見られる「糸割符由緒書」がすでに体裁を整えていたかどうかは不明であるにしても、糸割符仲間が「糸割符御奉書」を下付された経緯を述べ、自己の権益の正統性を主張したものと見て、まず間違いなかろう。この時点には、「糸割符御奉書」に連署している板倉伊賀守勝重も本多上野介正純もいまだ存命中であるし、元長崎奉行の長谷川左兵衛も健在であるから、このような状況下の幕府の取調べの場において、糸割符仲間が「糸割符御奉書」が下った経緯について根拠のない話を創作し、平然と披露できたとは判断し難い。長崎渡来のポルトガル船の積荷が売れずに長崎に両年滞在することになった云々に関わる「糸割符由緒書」等の記事の不安定さについての疑問が解消したわけではないが、しかし、「糸割符御奉書」が下付されることになった何らかの事情が必ずあったわけであり、それに関わる話としては、「糸割符由緒書」や長崎の地誌・旧記などに見られるこの話以外には伝わっていないのが現実である。

なお、元和の取調べのときに、糸割符仲間がこの「糸割符御奉書」の下付に関わる話を披露したか否かはなお証拠不明であるが、寛永十三年（一六三六）にはすでにこの話の存在していることが確認されているので、おそらく元和年間の取調べ、および後で述べる寛永八年から同十年頃に行われた糸割符改革のときには、すでにこの話が出ていたものと見てよいのではなかろうかと考えられる。

また、「糸割符由緒書」がいつ成立したのか明確ではないが、このような性格のものが必要とされた可能性があるのは、元和の取調べのとき、この後では、寛永中期の糸割符改革のとき、さらにこの後では、明暦元年（一六五五）の糸割符廃止のときである。遅く見ても貞享の糸割符復活のときには、すでに存在していた形跡が伺われる。最初に書かれた「糸割符由緒書」が、その後、時の経過に従い書き加えられたり、その時々の必要に応じて書き換えられたり、ある程度の手直しが施されていったのではなかろうかと考えられる。

## 糸割符仕法の特質と創始の事情

「糸割符由緒書」などに書かれている「糸割符御奉書」が下付されるに至った経緯を大筋において認めると、糸割符仕法がはじめられた事情は、およそ次のように要約される。

〔一般的前提〕

① 国内で生糸の需要が高まっていた。しかし、国内の生産が十分でなく、外国からの輸入によってそれを確保することが必要な状況であった。

② 商人任せの相対貿易では、白糸などの供給に支障が生ずる場合があった。そこで、貿易取引きの円滑運営のために、貿易制度を整える必要があった。

〔具体的問題の発生〕

① 慶長の前半期に、ポルトガル船との貿易に遅滞が発生し、生糸などの確保が危ぶまれる事態が発生した。

②家康は、堺・京都・長崎などの上層町人に協力させ、また、自らも出資してポルトガル船の積荷を買い取り、この事態を乗り切った。

③その翌年に、ポルトガル船がまた渡来して、新たな品物を安価に売り出したので、この前年家康に協力した三都市の町人たちが損害を蒙る事態が発生した。

④そこで、前年に家康に協力した三都市の上層町人たちは、彼らの利益保全のために、ポルトガル船の持ち渡った白糸の独占的輸入を要望するに至った。

〔家康の対策〕

①家康に協力した三都市の上層町人たちのポルトガル船の白糸の独占的輸入の要望を至当と認めた。

②ポルトガル船貿易の制度を立て、慶長九年（一六〇四）五月三日付けのいわゆる「糸割符御奉書」を下付した。

ところで、これまで糸割符仕法の創始に関わる理由や目的について、いろいろな見解が示されてきている。それは整理すれば、糸割符仕法適用の前提や特質に関わる見解といえる。

まず、糸割符仕法創始の前提についてであるが、前には〔一般的前提〕として二つあげたが、このほかに次のような見解がある。

①ポルトガル貿易においては、ポルトガル側にイニシャティブを握られており、日本商人側は高価格で品物を買わされる状況であったので、これに対処する必要があった。

②ポルトガル船から多量の白糸を輸入するには、諸国商人を組織化し、輸入に要する貿易資本を集結させる必要があった。
③マカオやマニラでパンカドによる一括輸入の方法がとられていた。それが日本に伝わって来た。
④ポルトガル貿易においては、言葉や商人倫理に関わるトラブルが頻発しており、きちんとした貿易制度が必要とされていた。
⑤朱印船制度の創設により南方諸国から白糸の輸入が可能となり、ポルトガル船の貿易独占を抑制する時期が到来した。
⑥長崎には諸国商人が多数集まり、市内の秩序・治安の維持が困難な状況であったので、諸国の商人を強力に支配する機関が必要とされていた。
⑦秀吉のときから封建支配者による外国貿易の独占化と管理・統制化の方向が打ち出されていた。
⑧家康政権の成立に伴い、治安維持のうえからも、幕府以外に「鉄砲兵具等漏越」を極力抑えようとしていて、長崎奉行配下の具体的な貿易統制の組織が必要とされていた。
⑨ポルトガル貿易には、宣教師が介在しており、日本商人と宣教師を接触させることが望ましくないので、ポルトガル商人と日本商人の仲介者として国内の組織が必要とされていた。
これらがすべて糸割符仕法の採用に直接関わる事柄か否かは、見解の別れるところであろうが、①②③は直接関わる事柄のように判断される。すなわち、要約すれば、日本では生糸の需要が高くなっていたが、

国産では不足しており、ほとんどをポルトガル船からの輸入に依存している状況であった。ところが、商人任せの相対貿易では、取引きに斑があり、生糸などの供給が安定していなかった。また、貿易の主導権がポルトガル商人に掌握されており、日本商人は必要以上に高値で輸入しなければならない状況であった。ちょうどそのような時期に、マカオやマニラのポルトガル貿易においてすでに行われていた安価輸入に効果的なパンカド方式による貿易方法が日本に伝わって来ていた。糸割符仕法の成立の前提としては、おおむねこのような状況があったもののように考えられる（中田易直「近世初期の対外関係」〈『近世対外関係史論』〉）。

また、成立した糸割符仕法の特質面から、この採用の理由がいろいろ模索されている。糸割符仕法の特質を要約するとおおむね次のようである。

① 幕府直轄の堺・京都・長崎三都市の町年寄を中心として、各都市の上層町人が組織化され、三ケ所糸割符仲間が結成されて、ポルトガル船の持ち渡った白糸の一括独占輸入権が与えられた。

② 糸年寄は、ポルトガル船との貿易取引き期に長崎に集合し、長崎奉行の指示に従い、その年の最初の貿易取引き時に、ポルトガル商人と折衝して、白糸の輸入価格を決定する。白糸の輸入価格決定以前に、諸商人は長崎市内に立ち入ることを禁じられており、白糸の輸入価格が決定した後に、白糸以外の品物が諸商人の相対売買に開放された。

③ 白糸は糸年寄により独占一括輸入され、所定の比率によって、三ケ所糸割符仲間に配分された。

さて、①の意味するところは、幕府の貿易政策面と都市政策としての政治政策の両面が指摘されている。すなわち、貿易政策としては、主たる貿易商人を糸年寄を中心として組織化し、白糸輸入のための資金を確保して、ポルトガル船貿易の取引きの円滑化を図り、市場における白糸の確保のための基礎を築いたものと考えられる。一方、都市政策としての政治政策面から見れば、これは③と連動することであり、幕府の直轄する堺・京都・長崎の三都市について、町年寄を中心として各都市の上層町人を組織化し、白糸輸入による利益を独占させることによって、幕府によるこの都市の支配を確実なものとするとともに育成することを企図していたのではなかろうか、という点が指摘されている。

また、切支丹対策面の効果が指摘されている。すなわち、これまでのポルトガル貿易においては、教会（宣教師）が生糸貿易の仲介を行ってそれより手数料を獲得し、それが布教の一資金とされる状況であったが、今度は糸割符仲間外の生糸輸入のルートが消滅したわけであり、切支丹対策の意味があった、というのである。この点については、これが目的であったのか、結果としてこのようになったものかは、判断に難しいところがある。

次に、②の意味するところは、白糸の輸入を糸割符仲間一本に絞ることによって、白糸の輸入時における諸商人間に生ずる競買いを防いで、白糸の安価輸入を企図したものである。また、白糸の輸入価格決定以前に一般商人の長崎立入りを禁止したのは、白糸値組を行うときにこの方が好都合であったためであろう。すなわち、白糸の輸入価格をできるだけ安価にするためには、他の品物の輸入に先んじて、別個に白糸値組を実施した方が好都合であったのであろう。また、白糸の輸入価格を低廉に抑えておくと、他の品物の輸入に影響を及ぼし、全商品的に安く輸入できる傾向があったとも考えられている。

③については、①の部分で触れたように、白糸輸入のための資金の出資者が三ケ所糸割符仲間であったから、輸入された白糸は、当然のこととして、出資者にわたされる事情にあった。堺への配分が京都・長崎より多いのは、出資額がそれだけ多かった事情によるものであろう。また、本能寺の変のとき、家康が浜松まで逃げのびた際、とりわけ堺の商人に世話をかけたので、それに報いて堺だけ他所より多くしたのではないのか、との推測もある。また、豊臣陣営内にある大坂商人に対する見せしめとして、ことさらに隣接する堺を優遇して見せたのではなかろうか、ということも考えられる。

## 糸割符仕法と将軍の生糸買上げ

糸割符仕法の成立の初期において、将軍が生糸を買い上げている事実があり、糸割符仕法と将軍の生糸買上げの関係がどのようであったのか、という問題が存在している。この点について、成立期の糸割符制度においては、白糸の一括購入権の主体は、糸割符仲間の得る白糸ではなくして、「将軍糸」（将軍が買い上げる生糸）にあった。すなわち、幕府はその権力機構の物質的基盤、および市場掌握の手段として、白糸の一括独占輸入を企図して糸割符仕法を制定した。この制度によって将軍は自ら白糸を独占的に購入したが、堺・京都・長崎の三ケ所がこの独占体に付加されたのは、より広汎な市場掌握を達成するためであった、とする見解がある（加藤榮一「成立期の糸割符に関する一考察」〈『日本社会経済史研究』近世編〉）。

慶長期に糸割符仕法によって、ポルトガル船からどれほどの白糸が輸入され、その白糸がどのようにして市場に出され、糸割符仲間がどれほどの利益を手にしたのか、その具体例は明らかになっていない。ただ幕府（将軍）が買い上げたと思われる白糸に関するきわめてわずかの記事を史料に見ることができる程度である。

この事例の一つとして、慶長八年（一六〇三。あるいは同十年）の出来事として、家康が現糸一、〇〇〇丸の白糸を召し上げ、長崎奉行の小笠原一庵と長谷川波右衛門がこれを伏見城まで運送したことが知られている。ただし、これに関する具体的な事柄、すなわち、①いつ、②どこで、③誰が、④どこから、⑤どのような方法で、この生糸を購入したのか、また、家康は(a)何を目的として購入し、この生糸は(b)どのように処理されたのかなどについては、ほとんど不明である。わかっているのは、家康が一、〇〇〇丸の生糸を召し上げ、小笠原と長谷川が半分ずつ小倉まで輸送して、九州の大名に命じてつくらせた土蔵に一時保管し、細川氏の用意した船七艘で、小笠原（五艘）と長谷川（二艘）がこれを伏見城まで輸送したことのみである。①いつという点については、この話の全体が、慶長八年（あるいは同十年）の出来事のように書かれているが、慶長八年（あるいは同十年）に購入して、同年のうちに伏見城まで輸送したのか、購入したのは慶長八年（あるいは同十年）だが、伏見城へ輸送したのは同年とは限らないのか、伏見城へ輸送したのが慶長八年（あるいは同十年）のことで、購入したのは慶長八年（あるいは同十年）とは限らずこれ以前に購入されていたのか、このあたりの事実関係は不明である。②どこで、③誰が、④どこからという点については、長崎で長崎奉行がポルトガル船から購入したのではないのか、と推測するのが一般的であるが、長崎奉行のほかに長崎代官や長崎町年寄が関わってはいなかったのか、ポルトガル船の生糸のほかに唐船の生糸は混じっていなかったのかなどの点はまったく不明である。⑤どのような方法で購入したのかについては、長崎奉行や代官自身が輸入価格を交渉したものか、あるいは長崎町年寄に命じて行わせたのか、このあたりのことも不明である。

そして、第一に家康は何のために一、〇〇〇丸もの生糸を召し上げたのか、という問題がある。この点については、①幕府（家康）自身が使用する絹織物の材料として生糸を必要としていた、②幕府（家康）が生糸貿易で利益を稼ごうとしていた、③貿易取引きが渋滞しており、市場への生糸の供給が危ぶまれたので、幕府（家康）が梃入れした、などの事情が推測される。可能性としては、③が注目されるが、断定するに確たる証拠はない。第二にこの生糸がどのように処理されたのか、まったく不明である。後に、明暦元年（一六五五）の糸割符仕法廃止にあたって、幕府は銀五、五〇〇貫目を出資し、一三一、六〇〇斤の生糸を召し上げたが、この生糸は輸入原価で市場に出されている。この事例からすれば、同様の処理が行われた可能性を想定することができるが、しかし、時代も事情も異なるので、断定するには至らない。

なお、この事例は慶長八年（一六〇三）の出来事としている史料と同十年の出来事としている史料とがあり、どちらとも見極め難い状況である。たとえば、慶長八年のことと すれば、この一、〇〇〇丸の家康の生糸買上げは、糸割符仕法によるものではないことになる。先に述べた「糸割符御奉書」が下されることになった経緯に関わる「糸割符由緒書」などにある話に関連しているのか、との想像が可能となる。すなわち、積荷が売れずに両年長崎に逗留したポルトガル船の積荷は、堺・京都・長崎などの上層町人に命じて買い取らせたが、じつは家康自身も買い取っていた、とする推測がわりあい無理なく想像される。

これが、慶長十年（一六〇五）の出来事とすれば、糸割符仕法下において、家康が多量の生糸を買い取っていた、ということになる。このような事態をどのように理解するか、というといくつかの解釈が成り立つ。たとえば、糸割符仕法は、家康が白糸を入手するための目的をもってはじめられたものである、と解釈することができる。しかし、これに対する疑問もすぐに湧いてくる。もしも、家康が白糸を手に入れたいのであれば、糸割符仕法のような複雑な方法を用いなくとも、長崎奉行に命ずれば事すむことである。事実、白糸のほかにも羅紗・鉛・錫・鋼鉄・水銀・火薬・蝋・伽羅などを外国船から購入しており、それは長崎奉行を通して直接購入している。家康や将軍の権力をもってすれば、この種のことは、わりあい容易にでき得たであろうし、事実行っているのである。したがって、おもに家康の所望する生糸の輸入のために、糸割符仕法が採用されたとは考え難いところがある。

一方、糸割符仕法による白糸輸入の主体は、やはり糸割符仲間であったが、その成立期には糸割符仲間の資力がまだ十分に成長しておらず、時に、ポルトガル船の白糸をすべて買い取ることが困難な事態が発生する事情にあったのではないか。このようなときに家康（幕府）が乗り出していき購入する、という事情を想像する方が無理がないように思われる。

第一に、家康（幕府）が生糸を購入した事例は、わずかに二・三例が知られるのみで、糸割符仕法を用いて家康（幕府）が生糸の輸入を恒常的に行っていた事実を証明すること自体が困難である。そして、もし購入していたとすれば、その目的は何か、ということが問題であるが、生糸売買による利益の追求ということは可能性として薄いように思われる。もし、利益追求が目的であれば、何も糸割符仲間にまで利益を享受させることはなかったのではなかろうか、という疑問もおこる。また、売買の対象としてではなく、家康（幕府）が生糸そのものを必要としていた、という事態も想定されるが、糸割符仕法を行使して、毎年一、〇〇〇丸（五〇、〇〇〇斤・三〇、〇〇〇キログラム）にものぼる多量の生糸をはたして必要としていたのかというと、そのような事態はむしろ考え難い。

家康（将軍・幕府）による生糸の買上げは、糸割符仕法による白糸買上げの主体として行われていたのではなくして、糸割符仲間の補助的な存在として行われていたと解釈する方が無理がないように思われる。

## 五ケ所糸割符仲間の成立

慶長九年（一六〇四）五月三日付けのいわゆる「糸割符御奉書」によって、糸割符仕法がはじめられるが、この制度が発足した当初から、後に見られる方法が整然と運営されたものではなく、創始期には未熟な部分がなお多く存在し、おいおい態勢が整えられていったものと考えられる。

創始以来の大がかりな糸割符改革は、寛永八年（一六三一）から同十年にかけて行われている。すなわち、従来の三ケ所糸割符仲間に江戸が加えられることになる。そして、この江戸の加入を聞きつけた大坂が運動を展開し、結局、江戸と大坂を加えた五ケ所糸割符仲間が成立する。まず、寛永八年に江戸が題糸五〇丸の配分を認められた。この後に大坂が運動して題糸二〇丸を受けることになったようである。そして、翌同九年に大坂への配分が題糸三〇丸に増加され、さらに翌同十年になって、江戸題糸一〇〇丸、大坂題糸五〇丸とされた。

なぜこの時期に江戸が加えられることになったのかについては、その事情が明らかではないが、『糸乱記』には、三ケ所糸割符仲間の得利を見て、他の都市の町人も糸割符加入を希望したが、理由なきこととして認められなかった。しかし、江戸は「将軍家御居城の町人」ということで、五〇丸の配分が認められた。これを聞きつけた大坂の町人が猛烈に運動したところ、長崎奉行竹中采女正の取計らいで、まず、二〇丸が与えられ、江戸に上って正式に願い出るように申しつけられた。その後の江戸での訴訟が功を奏して三〇丸の配分を認められたが、これでは堺の四分の一でしかないゆえをもって、さらに運動したところ、寛永十年に題糸五〇丸の配分を受けるようにされたことが見えている。

三ケ所以外の都市の町人が、糸割符加入を希望したことは想像に難くないが、江戸加入の許可がなぜ寛永八年であったかの理由はよくわかっていない。対外関係における一般的な状況としては、寛永前半期はかなりの問題が発生していた時期で、幕府の対外関係についての関心がきわめて強くなっていた時期である。すなわち、寛永三年（一六二六）に長崎代官末次平蔵の朱印船が台湾でオランダと紛争を起こし、これがエスカレートして同五年から平戸におけるオランダ貿易は停止を命じられており、この解決の見通しが立っていない状況であった。また、長崎町年寄高木作右衛門の朱印船がメナム河口でスペイン艦隊に襲撃され、幕府はこの報復として長崎におけるポルトガル貿易の停止を命じた。こちらは、同七年にマカオからポルトガルの使節が来日して事態を釈明した結果、貿易再開となっているが、このような朱印船によるトラブルの続発によって、幕府は朱印船の海外渡航に、同八年から奉書船制度を立て、異国渡海をさらに厳しく制限した。また、ちょうどこの頃に長崎奉行の竹中采女正が長崎市民と争いを引き起こし、江戸で裁判が進められていた。加えて切支丹問題の関心がきわめて高まっていた時期でもあり、このような状況下で、糸割符のことも取り沙汰されることになったもののように推察される。

そして、このときの糸割符の改革は、五ケ所糸割符仲間の形成のみならず、呉服師仲間への配分や分国配分のことも関係しているので、これらとの関連において糸割符の改革を捉える必要がある。むしろ、朱印船貿易の統制に伴い呉服師仲間への影響が出て、この関係において糸割符の改革が着手されたのではなかろうか、ということも推測される。

## 呉服師配分と分国配分

寛永八年の糸割符改革において、まず江戸に五〇丸の配分が行われることとなるが、同時に呉服師仲間への配分が設定される。呉服師仲間というのは、幕府が必要としている呉服物を整えるために指定された幕府御用達呉服店の組合のことで、その発生については詳らかではないが、寛永八年（一六三一）時には六軒よりなっており、これに現糸配分の形式で、後藤縫殿助（介）二〇丸、三嶋屋祐徳・上柳彦兵衛・茶屋四郎次郎・茶屋新四郎・亀屋庄兵衛各八丸、合計六〇丸の配分が行われることになった。

なぜに呉服師仲間への生糸配分がはじめられたのか、その事情は詳らかではない。事実関係としては、呉服師に対する配分が生糸現物でなされたものか、あるいは増銀で行われたものかが気にかかるところである。すなわち、増銀の形式であれば、おそらく呉服師仲間に対する金銭的援助の性格が強く感じられるが、生糸現物の配分であれば、現物を渡さなくてはならない何らかの事情を考える必要がある。たとえば、幕府の必要とする呉服物を調達するにあたり、呉服師が生糸の現物を持っていないと、うまく運ばない事情でもあったのであろうか。

また、分国配分というのがこの時期にはじめられている。すなわち、筑前博多一二丸半、筑後（柳川・久留米）五丸、肥前佐賀五丸、対馬二丸半、豊前小倉一丸半の配分がはじめられており、ほかに下関に五ケ所糸割符仲間中より三丸が与えられる措置がとられ、寛永十八年からは平戸に一〇丸が与えられるようになり、これらはすべて現糸配分の形式によっている。この分国配分についても増銀の配分なのか生糸現物の配分なのか、はっきりした証拠はないが、慶安元年（一六四八）に博多に対して増銀の配分が行われている事実からすれば、おそらく増銀配分の形式であり、生糸現物配分ではなかったように推測される。そして、このことからすれば、呉服師に対する配分もおそらく増銀配分が行われていた可能性が強いように思われる。

また、分国配分については、何年に設定されたのかがいくぶん疑問がある。すなわち、史料によっては、寛永八年（一六三一）にはじまるように書かれ、また、同十年になってからはじめられたように書かれているものもあり、事実の明確を欠く状況である。

江戸や大坂は、糸割符仲間への加入を運動して、それが成功したようであるが、これら分国も同様の事情にあったものかと推測される。

**大割符**

寛永八年に、江戸が加えられて四ケ所糸割符となり、その後、大坂へも二〇丸の配分が行われる措置がとられ、また、呉服師配分も加わって、糸割符の配分の分母が拡大された。すなわち、糸割符増銀の配当が薄くなることになった。これに対処して、幕府はポルトガル船の白糸に加えて唐船の白糸も糸割符の対象にする措置を講じている。しかし、同年は白糸の確保がうまく運ばなかったらしく、白糸以外の朴糸・片撚糸、紗綾・縮緬・綸子など反物類まですべてを糸割符の対象とする措置をとった。

ところで、この寛永八年の糸割符に関わり大割符（おおわっぷ）という用語が現れる。これについては、先に白糸のみならず他の生糸や反物類をも糸割符の対象としたことを意味する用語という解釈が行われている。

しかし、史料におけるこの語の用例を検討してみると、はじめ三ケ所糸割符仲間であったものが、五ケ所糸割符仲間となり、さらに呉服師配分と分国配分とが加えられ、この拡大された糸割符の体制を大割符といっているると解釈したほうが妥当なようにも思われる。

そして、糸割符仲間の構成員に対して、その者の持ち株に応じて、白糸を五〇斤とか一〇〇斤というように分ける計算をするが、これを小割符とか小割配分と称していたようである。

## 白糸値組と糸割符増銀の配分

### オランダ商館への糸割符仕法適用とパンカドの実例

寛永十八年（一六四一）に平戸のオランダ商館が長崎出島に移転させられたが、これに伴ってオランダ商館との貿易にも糸割符仕法が適用されることになった。もっともいわゆる「鎖国令」によって、平戸のオランダ商館からの白糸の輸入においても、その価格を長崎のパンカド価格によることが決められていたが、長崎出島移転によって、全面的な糸割符仕法の適用となった。

さて、オランダ商館では、貿易業務を帳簿で処理し、また、日々の出来事を商館長が日記に書き留めることが行われており、これらの記録が今日に多量に残されている。これらの記録類が長崎貿易の内容を知る絶好の史料となっており、創始当初より具体的なことがほとんど不明であった糸割符仕法の事柄が、実例をもって知ることができるようになる。糸割符仕法のもっとも関心の持たれる一つは、輸入価格の決定がどのようになされたのか、ということであるが、寛永十八年（一六四一）度の事例を見ることにしよう。

　寛永十八年に、オランダ船は四艘長崎に来ているが、荷揚げが終了し、貿易取引きの態勢が整ったのが八月二日であった。この翌三日に長崎奉行からパンカド開始の指示が出されており、糸年寄が出島に出かけて折衝を開始している。方法は、白糸を三等級に分類し、各等級の一〇〇斤あたりの価格についてお互いに希望価格を出し合う形式がとられている。折衝価格の推移を日を追ってみると次のようである。

| | | |
|---|---|---|
| 八月三日 | オランダ商館希望価格 | 糸年寄希望価格 |
| 一等品 | 三貫六〇〇目 | 二貫〇〇〇目 |
| 二等品 | 三貫四〇〇目 | 一貫八〇〇目 |
| 三等品 | 三貫二〇〇目 | 一貫五〇〇目 |
| 八月四日 | オランダ商館希望価格 | 糸年寄希望価格 |
| 一等品 | 三貫三〇〇目 | 二貫二〇〇目 |
| 二等品 | 三貫一〇〇目 | 二貫〇〇〇目 |
| 三等品 | 二貫八〇〇目 | 一貫七〇〇目 |
| 八月五日 | オランダ商館希望価格 | 糸年寄希望価格 |

| | | |
|---|---|---|
| 一等品 | 三貫一〇〇目 | 二貫三〇〇目 |
| 二等品 | 二貫九〇〇目 | 二貫一〇〇目 |
| 三等品 | 二貫六〇〇目 | 一貫八〇〇目 |
| 八月六日 | オランダ商館希望価格 | 糸年寄希望価格 |
| 一等品 | 三貫〇〇〇目 | 二貫三五〇目 |
| 二等品 | 二貫八〇〇目 | 二貫一五〇目 |
| 三等品 | 二貫五〇〇目 | 一貫八五〇目 |

| | |
|---|---|
| 八月七日 | パンカド決定 |
| 一等品 | 二貫四五〇目 |
| 二等品 | 二貫二五〇目 |
| 三等品 | 一貫九五〇目 |

以上のように、パンカド決定までに五日間を要している。なかなか双方の希望価格に合意が見られず、八月六日にはついに交渉決裂の状況になり、長崎町年寄が調停に入って、ようやくパンカド開始後五日目にして、白糸輸入価格の決定を見ている。

**長崎出島図**（長崎市立博物館所蔵）

そして、この翌八月八日に長崎奉行所の役人が出島の倉庫の封印を解除し、まず御用物の鮫皮を買い取り、翌九日より白糸以外の一般貨物を諸商人の相対売買に開放している。

以上は、オランダ商館とのパンカドの様子であるが、唐船との貿易については、別個にパンカドが行われており、その具体的な事例はオランダ商館長の日記に現れてはいないが、同日記の寛永十八年（一六四一）九月十七日にあたる条に、今年の唐船とのパンカド価格が、白糸一〇〇斤につき、

一等品　二貫六五〇目
二等品　二貫三五〇目
三等品　二貫〇五〇目

に決定されたことが見えている。

**長崎出島門鑑**（長崎市立博物館所蔵）

### 承応元年の分国配分

成立期の糸割符についての関心事の一つとして、糸割符仲間がどれほどの利益を得ていたのか、という問題がある。しかし、成立当初の糸割符については、その仲間の構成員数はおろか、彼らが得た増銀につい

ては、これを記した史料は皆無である。増銀についてごく一部についてであるが、その具体例がわかるのは、承応元年（一六五二）の例が目下の初例である。すなわち、『筑前続風土記』『石城志』に分国配分の博多に与えられた増銀が出ている。博多は現糸一二丸半の配分を受けることになっていたが、承応元年分として、銀七貫五四〇目四分であったというのである。この博多の増銀額に基づくと、現糸一丸分に相当する増銀は六〇三匁二三二である。

いま仮に、承応元年に糸割符の規定どおりの分国配分が行われたと仮定して、この博多への配分額に基づいて、分国各所への増銀を試算してみると次のようになる。

| | | | | | | |
|---|---|---|---|---|---|---|
| 筑前博多 | 現糸 | 一二丸半 | 糸高 | 六二五斤 | 増銀 | 七貫五四〇匁四 |
| 筑後 | 現糸 | 五丸 | 糸高 | 二五〇斤 | 増銀 | 三貫〇一六匁一六 |
| 肥後佐賀 | 現糸 | 五丸 | 糸高 | 二五〇斤 | 増銀 | 三貫〇一六匁一六 |
| 対馬 | 現糸 | 二丸半 | 糸高 | 一二五斤 | 増銀 | 一貫五〇八匁〇八 |
| 豊前小倉 | 現糸 | 一丸半 | 糸高 | 七五斤 | 増銀 | 九〇四匁八四八 |
| 肥前平戸 | 現糸 | 一〇丸 | 糸高 | 五〇〇斤 | 増銀 | 六貫〇三二匁三一 |
| 長門下関 | 現糸 | 三丸 | 糸高 | 一五〇斤 | 増銀 | 一貫八〇九匁六九六 |

博多の場合、現糸一二丸半の増銀が七貫五四〇目四分であり、これは次のように配当されている。

一貫五一一匁　　中野藤兵衛

一貫五一一匁　大賀惣右衛門
一貫五一一匁　伊藤小左衛門
七五五匁五分　中野吉左衛門
七五五匁五分　勝野次郎左衛門
三七七匁七分五厘　大賀九郎右衛門
三七七匁七分五厘　大賀善兵衛
四六六匁五分　渋谷九右衛門
二七二匁五分　西村増右衛門
合計　七貫五三八匁五分

すなわち、幕府公定の金銀比価小判一両＝銀六〇目の両替によれば、多額の者で金二五両余、少額の者で金四両二分余を配当されている勘定である。

また、呉服師仲間への配当は次のようになる。

呉服師　現糸　六〇丸　糸高　三、〇〇〇斤　増銀　三六貫一九三匁九二

すなわち、幕府公定の金銀両替値に従えば、小判六〇三両と銀一三匁九二になる。また、個人への配当は、後藤縫殿助（介）は二〇丸であるから、銀一二貫〇六四匁六二（小判二〇一両と銀四匁三二）、茶屋以下のものは八丸であるから、銀四貫八二五匁八五六（小判八〇両一分と銀一〇匁八五六）である。

## 承応元年五ケ所糸割符仲間への増銀配分の試算

さて、五ケ所糸割符仲間への増銀の配分はいかほどになっていたのであろうか。分国配分や呉服師配分は、一斤＝一六〇目、五〇斤＝一丸をもってする定量配分、すなわち現糸配分であるので、分国のうちの一ケ所でも一丸あたりの増銀の額が判明すれば、他箇所への増銀の額も簡単に計算することが可能である。しかし、五ケ所糸割符仲間への配分方法は比率配分、すなわち題糸配分であったので、いくぶん試算が複雑である。

承応元年（一六五二）における白糸の輸入量は、唐船から六六、七〇〇斤、オランダ商館から五九三斤の合計六七、二九三斤であったものと見られる。白糸の輸入量をこの額と仮定して試算する。

まず、白糸の輸入量が合計六七、二九三斤であるから糸割符の規定に従って、この額から分国と呉服師への分四、九七五斤を差し引くと、五ケ所への分として残るのは、六二、三一八斤となる。この糸高を五ケ所へ配分される四七〇丸分として計算すると、題糸一丸は白糸一三二斤五九一四八余となる。また、博多への現糸一二丸半（糸高六二五斤）の分に対する増銀七貫五四〇目四分を基準にして白糸一斤あたりの増銀を算出すると、約一二匁六四六四となる。これを基準にすると、五ケ所糸割符仲間への増銀の配分は次のようになる。

堺　題糸一二〇丸　糸高　約一五、九一〇斤九七六　増銀　約一九一貫九六〇目二七八三二

江戸　題糸一〇〇丸　糸高　約一三、二五九斤一四八　増銀　約一五九貫九六六匁八九八六

| | | | | |
|---|---|---|---|---|
| 京都 | 題糸一〇〇丸 | 糸高　約一三、二五九斤一四八 | 増銀　約一五九貫九六六匁八九八六 |
| 長崎 | 題糸一〇〇丸 | 糸高　約一三、二五九斤一四八 | 増銀　約一五九貫九六六匁八九八六 |
| 大坂 | 題糸　五〇丸 | 糸高　約　六、六二九斤五七〇 | 増銀　約　七九貫九八三匁三九〇 |
| 右合計 | 題糸四七〇丸 | 糸高　　六二、三一八斤 | 増銀　約七五一貫八四四匁二三五五二 |

すなわち、五ケ所糸割符仲間への配分は、糸高六二、三一八斤、この増銀七五一貫八四四匁余にのぼっている計算となる。ということは、一丸=五〇斤の株を所有している糸割符仲間の構成員の得る増銀分は、六三二匁三二程となる。小判一両=銀六〇目の幕府公定両替値によれば、五ケ所糸割符仲間構成員の一丸あたりの配当金は、小判一〇両二分と銀二匁三二となる。

以上は、博多に対する配分の実例をもとにして試算したものであり、実際にはどのようであったのかは、具体的ではない。

## 糸割符廃止とその再興・衰退

### 明暦元年の糸割符廃止

糸割符仕法は、寛永年間の改革を経て後、明暦元年（一六五五）に至って廃止される。『長崎初発書』には、この経緯が次のように書かれている。

唐船からの白糸の輸入価格は、夏・秋船の持ち渡った白糸を上・中・下の三等級に分けて決定され、このときに決められた価格は冬船、翌年の春船との取引きにも適用されることになっていた。ところがこの頃、日本に渡来する唐船は、鄭成功が支配しており、その配下の新官という者が秋に決められた白糸輸入価格の一年間据え置きという糸割符仕法の弱点をついて、承応三年（一六五四）の秋の輸入価格決定のときにはわずか四万斤ほどの白糸しか持ち渡らず、輸入価格をつり上げておき、その後、同年の冬から次の明暦元年（一六五五）の春にかけて大量一三万斤余の白糸を持ち込み、去秋決定の価格でその売渡し方を主張した。しかし、これでは糸割符仲間が銀千貫目余の大損失を蒙るため、糸年寄はこれから以後は唐船の白糸持渡り量を見届けたうえで、その時々に輸入価格を取り決めるように、取引き方法の改革を幕府に願い出た。これに対して、幕府は従来受けてきた御厚恩を顧みず、唐船との取引きを遅滞させたのは不届きであるとして、糸割符を廃止し、大坂城より銀五、五〇〇貫目を繰り出して、一三一、六〇〇斤、丸数にして二、七二四丸の白糸を買い取った。そして、これを後に輸入原価で諸国商人に売却し、代銀は十二月十五日までに大坂城に納めさせた。このように糸割符仕法が廃止され、白糸もほかの一般貨物と同様に諸国商人の相対売買によって輸入されるように改められた。

すなわち、唐船の長崎渡航を支配していた鄭成功の一派が、糸割符仕法のパンカド価格一年据置きという慣例の弱点をついて、パンカドの時期に白糸を少量しか持ち渡らず、パンカド価格のつり上げを行い、この以降に多量の白糸を持ち込むということを行ってきた。これに糸割符仲間が対処できなかったので、廃止となったということである。

直接的には、以上の経緯によって、糸割符仕法は廃止となったが、この廃止以前において、糸割符仕法の存続がすでに問題となっていた。すなわち、事の発端は、いわゆる「鎖国」状態が成立してまもなく、絹類の市場価格が騰貴したことにある。この騰貴に不満の声が多くなったようで、幕府がその原因について取り沙汰するようになり、糸割符仲間にも事情聴取しているが、糸割符仲間側は、中国が戦乱状態となっているために（明末清初の動乱）、生糸類の供給が悪化し、輸入量の減少に価格騰貴の原因がある、と答えている。他方、幕府は糸屋や織物屋からも聴取しているが、こちらは糸割符仕法に問題があることを指摘している。すなわち、糸割符仲間の得ている増銀に、白糸の価格騰貴の主因があることを指摘しているのである。このような状況が出現していて、承応期には糸割符仕法の存続が幕府で取り沙汰されていた。そこに、鄭成功一派の糸割符仕法の弱点を利用した白糸輸出価格のつり上げが起こり、これを機に糸割符仕法が廃止された、という事情である。

また、糸割符仕法はその成立期においては、存在するに十分な機能を持っていたが、時代の推移に伴い初期の機能の低下が著しく、むしろマイナス面が現れてきていたこと、そして、成立期においては、糸割符仲間と家康政権とはかなり密接な関係にあったようであるが、こちらも時代が推移して世代交代も進み、糸割符の廃止が話題に上っても、幕府内部に糸割符仲間を擁護する者もない状況になっており、むしろ旧特権町人たる糸割符仲間の存在を快く思わない新興町人の台頭があって、糸割符仲間に批判的であり、状況として糸割符仲間側は著しく不利な状態となっていたのである。

## 貞享の糸割符再興

明暦元年（一六五五）に糸割符仕法が廃止され、白糸も一般貨物と同様に、諸国商人の相対売買に付された。幕府としては、糸割符仕法を廃止した方が絹類の市場価格が下がると判断したようであるが、現実にはそのように運ばなかった。すなわち、相対売買になると諸国商人がかえって長崎に多数つめかけるようになり、競買いの現象が激しくなり、諸品の輸入価格自体が騰貴していった。このことは外国商人に対する支払いが増加したことを意味し、多量の銀が日本から流出した。これによって、国内使用銀の不足が懸念されるようになり、幕府は長崎貿易の制限を厳しく行うようになる。

さしあたっては、どのようにしたら輸入価格を引き下げることが可能か、そして、銀の輸出量を減少させることができるか、ということが課題であったが、これに対しては、寛文十二年（一六七二）から貨物市法という新たな貿易方法を適用した。貨物市法はなかなかの効果を現したが、この方法によって長崎市がことのほか優遇されて裕福となり、他所からの不満が大きくなってきたこと、また、長崎奉行が私腹を肥やしているのではないのか、というような風説がながれ、結局、貞享元年（一六八四）の暮に貨物市法が突如廃止された。そして、この廃止に伴って、糸割符仲間が再興され、生糸の輸入が糸割符仲間に独占されることになる。

ところで、この糸割符仲間の再興後の貿易仕法は、明暦元年（一六五五）の廃止以前における糸割符仕法が、そのとおりに復活されたということではない。すなわち、廃止以前の糸割符仕法は、糸年寄によるパンカド終了までは、一般の商人の長崎市内立入りが禁じられており、パンカド終了後に諸国商人の長崎市内立入りが解禁されて、白糸以外の品物の相対売買がはじめられるという手順であった。また、秋に取り決められたパンカド価格がそれより一年間据え置かれることになっていた。

しかし、貨物市法の廃止によって、貞享二年（一六八五）からはじめられた貿易仕法は、簡単にいえば、基本的には相対売買であるが、生糸の輸入が糸割符仲間に限定された、ということである。したがって、パンカド決定以前に諸国商人の長崎市内立入りが禁じられるといった規制はなくなった。そして、廃止以前は原則として、糸割符の対象とされていたのは白糸であったが、今度は白糸に限定せず、生糸類一般が糸割符の対象とされた。さらに、貞享二年から新たに御定高制度が採用されて、唐船貿易においては一年間の貿易が銀高六、〇〇〇貫目を、オランダ商館との貿易においては金高五〇、〇〇〇両を超過してはならないとする制限が設けられ、生糸の輸入は御定高の三分の一程度に規定された。御定高制度は、貿易の実際面では割付仕法をもって実施され、唐船との貿易は春、夏、秋の三期に分けて行われ、各期に御定高が割り振られ、貿易額が規定されたが、生糸の輸入量は、そのつど、長崎奉行によって指示された。

## 元禄十年の糸割符改革

貞享元年（一六八四）の暮に、糸割符仲間が再興されたが、この後、元禄十年（一六九七）に長崎貿易全体にかかる改革の中で、糸割符の改革が行われている。

すなわち、この改革で注目される要点をまとめると次のようである。

①生糸の配分方法について、五ケ所糸割符仲間に対する題糸配分が廃止され、すべてが現糸配分に統一された。

②呉服師配分が現糸六〇丸から一挙に七〇〇丸に増額された。

③幕府御用糸三〇〇丸が新設された。

④博多・平戸をはじめとする分国配分が全廃された。

⑤堺への配分が江戸・京都並に現糸一〇〇丸の配分とされた。

⑥長崎が他の四ケ所より優遇され現糸一五〇丸の配分とされた。

⑦輸入生糸のうち、呉服師・幕府御用糸・五ケ所糸割符仲間への配分（合計現糸一、五〇〇丸、七五、〇〇〇斤）に超過した余糸は、一般貨物と同様に、長崎会所・銅代物替会所を通して取り引きすることにされた。

元禄十年八月付けで発令された長崎奉行宛の老中下知状で、長崎貿易全体にかかる大改革が行われ、結局、幕府は長崎会所を設置して、同会所のもとで貿易勘定を総合的に行わせる体制を形成する。そして、長崎会所の利益の幕府財源化を図るのであるが、糸割符の改正も大筋においてはこの路線で行われたものである。すなわち、①④⑤⑦などは、長崎会所による利益をなるべく多くしようとする線に沿ってなされたものである。

また、元禄十年（一六九七）八月付けの貿易改革令では、幕府および幕府御用達商人を優遇する措置が現れているが、②③はこれと同路線の措置であろう。

⑥の江戸・京都・堺・大坂への配分よりも長崎が優遇されているのは、長崎がおそらく貿易取引きの現場であるので、貿易運営について何かと負担が大きいことに配慮されたものかとも思われるが、また、長崎が貿易利潤の獲得を積極的に運動した結果かとも見られる。

この糸割符改革において、特徴的なのは、題糸配分から現糸配分に変わったことにより、五ケ所糸割符仲間の得る糸割符増銀が以前に比較してかなりの減少となったことである。糸割符増銀は生糸の輸入量が各年定量ではなくして変動があるから一様ではないが、おおむね従来の四分の一程に減少したものと見られる。これに対して、呉服師仲間の受益分が激増となった。たとえば尾州茶屋の場合を見ると、元禄七・八・九年の平均増銀高が一二貫五〇〇目余であったものが、元禄十一年には六二貫〇三二匁余に増えており、じつに五倍弱の増加となっている。このあたりの変革が元禄十年の糸割符改革のもっとも特徴的なところである（中田易直『近世対外関係史の研究』参照）。

また、糸割符一、五〇〇丸に超過した輸入生糸（余糸）は、一般貨物と同様に長崎会所や銅代物替会所の扱う貨物となったが、この分の占める割合は、各年変動があって一様ではない。たとえば、元禄十年（一六九七）の場合、唐船から白糸四五、六七一斤余、オランダ商館から黄糸五二、五九七斤余、合計九八、二六八斤余（一、九六五丸余）が輸入されていることが知られ、これによれば、二三、二六八斤余（四六五丸余）の余糸の存在がわかる。パーセンテージにして約二四％となっている。これは白糸・黄糸についてのもので、この他の品種の生糸も輸入されたことであろうから、生糸全体を対象とした場合に、余糸の占めるパーセンテージはさらに高くなっていたものと思われる。

## 糸割符の衰退

元禄十年の長崎貿易の改革によって、長崎会所が設置され、貿易取引きはこの会所を中心に運営されることになる。このことによって、糸割符の貿易方法としての存在はさらに薄いものとなった。すなわち、貞享二年（一六八五）の糸割符復興に際しても、明暦の廃止以前に行われていた糸年寄の白糸値組（パンカド）終了以前に諸国商人は長崎市内に立ち入ってはならない、すなわち、貿易行為をしてはならないとされていた糸割符仕法本来の機能は適用されなくなっていたが、長崎会所下における糸割符は、呉服師仲間や五ケ所糸割符仲間へ輸入生糸の利益配分を行うのみで、取引き方法についての影響力はほとんどない状況になっていた。

これは、糸割符仕法の成立期と元禄期では、幕府の事情や外国貿易の事情がまったく異なってきており、一部の都市の特権商人や白糸の輸入に焦点をあてた貿易運営は、もはやほとんど意味をなさない状況となっていたことを物語っている。

元禄十年（一六九七）の貿易改革の後、宝永期になって新井白石が幕政に関与するようになると、長崎貿易に対して大いに関心をよせ、改革案を次々に出すが、この中において糸割符関係のことは取り上げられていない。すなわち、宝永六年（一七〇九）四月の「白石上書」では三ケ条なる貿易上の課題を指摘しているが、糸割符関係のことはまったく触れられていない。さらに、翌宝永七年三月の「宝永新例」では、一二項目からなる細かな貿易方法の改革案を示しているが、これにおいてもまったく糸割符のことには触れられていない。糸割符については、ほとんど眼中にない様子が伝わってくる。

「宝永新例」の後、正徳三年（一七一三）十二月の長崎奉行大岡清相の貿易改革案では、わずかに、白糸はこれまでどおり、糸割符仲間と呉服師六人に、値組法で輸入価格を決めさせて買わせればよい、とすることが見えているが、とくに問題として取り上げることはされていない。

さらにこの後、長崎貿易に関する法規を集大成した、いわゆる「正徳新例」が、正徳五年に施行されるが、これにも糸割符に対することがらは何も示されていない。要するに、糸割符については、これまでどおり、ということである。

このように見ると、元禄十年の糸割符改革は、糸割符仲間にとっては当然のことながら、長崎貿易においても決定的といってよい結果をもたらせたもので、これ以後は、糸割符の存在がはなはだ希薄なものとなり、糸割符仲間も衰退の一途をたどることになる。要するに、貿易の規模が次第に縮小されていくし、その中にあって、生糸の輸入量がますます減少していき、生糸の輸入を中心とした貿易事情ではまったくなくなるのである。

# 第二章　貨物市法の展開

## 貨物市法とは

### 「貨物市法」の呼称と意味

「貨物市法」とは、寛文十二年（一六七二）から貞享元年（一六八四）に至る一三年間長崎貿易に適用された特徴のある貿易方法のことである。この貿易方法については、ここに用いた「貨物市法」という呼称のほかに、「市法貨物」、あるいは単に「市法」とか「貨物」、また「市法商法」、「市法商売法」、「市法売買法」、「貨物商法」、「貨物売買法」など類似した呼び名がある。関係史料に、「市法」とか「貨物」という用例があるので、これに類似した呼び方があってよいと思われる。しかし、どれがふさわしいのか、というと、たとえば、延宝九年（一六八一）に成立した「続長崎鏡」という書物が、県立長崎図書館（郷土史料室）に所蔵されている。長崎は寛文三年に、六五町のうち六三町半を全焼するという大火を経験し、このときにほとんどの記録を焼失してしまった。この後、その欠を補う必要から、幾種類もの旧記類が作成された。「続長崎鏡」は、このような旧記類の一つであり、幕府の巡見使が長崎に到来するというので、それに備えて、長崎の地元で古老達の話をもとにとりまとめた書物である。成立年の延宝九年（一六八一）は、まさに「貨物市法」が実施されている最中である。この中に、この時期に行われていた貿易方法に関する記事があるが、ここでは「貨物御市法」という名称が使用されている。当貿易仕法の実施時期に、長崎の現地でつくられた書物に、このような呼称で出現するから、このような形で使用されていたことは確かである。「御」の字がつけられているのは、幕府に対する配慮であろうから、この使用例から「御」の字を除いた形が「貨物市法」である。しかし、「御貨物市法」ではなくして「貨物御市法」であるから、単に「貨物」とか「市法」と称される場合が多かったようにも推察される。ここでは、もっとも一般的に使用されていたであろうと思われる二語を結合した形の「貨物市法」という呼称を用いる。

さて、「貨物市法」の読み方についてであるが、「かもつ　しほう」と読むのか「かもつ　いちほう」と読むのが正しいのか、これを仮名書きで表現している当時の史料は、管見にないので正確にはわからない。しかし、元禄十六年（一七〇三）に大坂で刊行された『長崎虫眼鏡』には、「くわもつ御一法」と表現されている。ほかに『糸鑑抜書』（『通航一覧』所載）にも「貨物一法」と書かれている。とすれば、「一」は「いち」であるから、「市」も「いち」と読まれていた可能性が高い。しかし、「貨物一法」の方は「貨物という一つの方法」という意味合いで使用されている可能性がないこともないので、断定するには若干早い気もする。

「貨物市法」の語意については、「貨物」は、申すまでもなく、貿易取引き上の品物のことであり、「市法」の「市」は「市場」の「市」と同じ意味で、「あきない」「とりひき」のことであり、「市法」は「取引きの方法」のことである。したがって、「貨物市法」は「貿易品の取引き方法」といった意味合いである。であるから、「市法貨物」「市法貨物商法」という使用例も見られるが、このような意味合いからすれば、言葉の座りとして「貨物市法」の方が、よりふさわしいということになり、「市法」は「取引きの方法」の意味であるから、これにさらに「商法」とか「売買法」のごとき言葉をつけて「市法商法」のように用いるのは、意味的にはいくぶんおかしいように思われるが、史料にはいろいろな呼称で現れている。

なぜ「貨物」という言葉が用いられることになったのかはよくわからないが、「糸割符」の「糸」が生糸の意味で、「糸割符」は所定の数量基準によって、輸入生糸を割る（分ける）の意味であるのに対して、「貨物市法」は糸だけではなくして、輸入品全部を対象とする貿易方法なので、このような「貨物」という言葉が用いられることになったものかと推測される。

## 貨物市法の概要

貨物市法は、その成立の過程、商人の組織、輸入価格決定の方法、商人への輸入品の売却、輸入品とその代銀の受渡し、貨物市法増銀の配分など、なかなか複雑であって、簡略に説明することがはなはだ難しい。しいて簡単に解説を加えると、おおむね次のようである。

まず、長崎貿易に参加できる貿易商人を決めて、これを江戸・京都・堺・大坂および長崎の五ケ所の役人のもとに組織し、各商人の過去の輸入実績や貿易資金の規模によって、各商人の輸入できる額が規定されており、この規定額を上回る輸入を禁じられていた。

次に、輸入価格の決定の方法であるが、これはかなり手数の要する指値方式、すなわち、輸入する日本側で各品物の輸入価格を取り決め、その価格を唐人やオランダ商館側に示して、売却に合意すればすべて輸入することにし、合意しない場合は、積み帰ってもらう方式を採用している。

そして、輸入することになった品物は、貿易役所として設けられた貨物市法会所を通して、入札方式で国内の貿易商人へ売りに出され、高札の者へ売却されていく。このときに、各品物の輸入原価が国内商人に明らかにされている。ただし、各商人の輸入できる額が規定されているから、その規定枠内で落札されていく。

落札者は、当該品物の輸入原価と落札価格の差額を貨物市法会所へ納め、当該品物を扱っている宿町へ行って、輸入原価を支払い、当該品物を受け取る。輸入代銀は、宿町から唐人へ渡される。なお、長崎では、唐船が長崎に入港すると、その積荷および唐人に関する一切の世話をする町が決められている。この唐船の世話にあたっている町を宿町(やどまち)という。貨物市法が行われていた時期の長崎には八二の町があり、順番に各唐船の世話にあたり、その世話料を得る方式が行われていた。

貨物市法会所は、輸入原価と国内商人への落札価格との差額を得る。これを貨物市法増銀（かもつしほうましがね）というが、これからこの方式による貿易の運営費が支払われる。貨物市法は複雑な手順をとるために、運営に関わる多数の役人を置いた。この役料が貨物市法会所から支払われる。役料を支払っても、現実的には多額の増銀が残った。これから、特別措置として駿府に一部分が与えられ、その残余は落札者へその輸入額に応じて払い戻された。

細かな部分については省略したが、おおむねこのような貿易の方法が貨物市法と呼ばれた方法である。かなり手の込んだ複雑な過程をとっており、最初から定法として存在したのではなく、適宜工夫しながら運用されていたようである。

### 貨物市法成立の前提

明暦元年（一六五五）に糸割符仕法が廃止となったが、この後は、白糸も一般の輸入品と同様の取扱いとされ、いわゆる相対売買で輸入されることになった。相対売買は、糸割符仕法のように、特定の品物を、特定の商人に、特定の輸入価格決定の方式に従って行わせる、というような幕府の決めた特別の方式に従って貿易を行わせようというのではなく、基本的には輸出側である唐人・オランダ商館と輸入側である国内の貿易商人が相対して、双方の合意のもとで取引きを行わせるという方式である。しかし、一切を自由に行うことができるというわけではなく、幕府の規制はもちろん存在した。たとえば、特定の品物の輸出入が禁止されているとか、期間を決めずに一年中好きなときに貿易取引きができるというわけではなく、長崎奉行の管理下で取引きが運営されることはもちろんであった。

　さて、白糸の輸入規制が解かれ、相対売買に開放されると、長崎に来る国内の商人が著しく増加し、輸入競争を演ずる結果になる。

　要するに、「鎖国」体制の下では、商業資本の投資先が狭く、資金がダブつき気味であったようである。これが一気に長崎貿易に投入された感がある。大銀を持った商人が長崎に押し寄せて、競買いを展開するようになる。たとえ長崎でかなり高値で輸入したとしても、上方へ持って行けば、より高値で売れるという状況であった。

　この高値競買いは、要するに外国商人側に対して、以前よりも多額の支払いをしなければならなくなったことを内容としている。日本商人からの支払いは、もっぱら銀で行われており、唐人やオランダ商館は受け取った銀でわずかばかりの日本の品物を輸入するが、銀はそのまま海外へ持ち去った。すなわち、以前にもまして、多量の銀が海外へと流失していったのである。

　寛文期における銀座による銀貨の鋳造高は、年間七、〇〇〇貫目ほどといわれるが、相対売買期のピーク時には、たとえば、万治元年（一六五八）に二四、三九一貫目余、同二年に三四、〇一九貫目余、同三年に三〇、三五二貫目余の銀を輸出しており、最高を記録した翌寛文元年（一六六一）には、三八、四四二貫四一六匁の銀輸出を記録している。

　このような多量の銀輸出によって、国内使用銀の不足が懸念され出した。すなわち、国内で使用する銀貨の減少による経済混乱が心配されたのである。この対策として、幕府は寛文四年（一六六四）に、寛永十八年（一六四一）以来禁止してきた金の輸出を緩め、全輸出額の半額まで金による決済を認め、同八年になって、ついに銀の輸出を禁止し、すべて金決済に切り替えた。

しかし、銀の輸出を止めては、唐船との貿易取引きが維持できない状態であり、翌寛文九年には早くも銀の一部（銀道具類）を輸出解禁とする措置を講ずることになるが、このように銀の不足が心配されるので、それでは銀の輸出を禁止すればよい、というような単純な対策では長崎貿易の運営維持が困難な事態であり、根本的な対策に迫られていた。

すなわち、改革の要点は、銀の輸出を極力抑制し、かつ必要とする品の輸入を維持することにあり、この対策としてもっとも効果的なのは、各品の輸入価格をできるだけ引き下げることであった。このためには、まずは国内貿易商人による競買いを行わせなくすることであり、また、唐人やオランダ商館が輸出してもよいとするぎりぎりの低輸入価格を設定することであった。この線に沿って、長崎では奉行所と現地町人らが協力して対策を練り、輸入を熱望する国内の商人を輸入価格決定の場から締め出し、輸入品の価格・品質に明るい者を目利に任命して、適正な輸入価格を導き出し、唐人やオランダ商館に日本側でつけた価格で売らせる指値方式を案出したのである。

## 貨物市法成立時の事情

寛文八年（一六六八）には、河野権右衛門と松平甚三郎が長崎奉行を勤めているが、この年に慶安元年（一六四八）以来の過去二〇年間に輸出した銀の調査が行われている。一年平均約三万貫目の輸出が行われたという結果が出ている。

この結果、いささか乱暴に見えるが、幕府は、寛文八年に銀貨、銀道具類に関わらず一切の銀輸出禁止に踏み切った。そして、この徹底のために、幕府は、長崎貿易の勘定まで金遣いに改めた（従来、長崎貿易の勘定は、銀〇貫〇匁〇分〇厘〇毛〇才とする「銀遣い」によってきたが、今度は金〈小判〉〇両〇分で表す「金遣い」に改めたのである。この頃の幕府の公定両替値は、小判一両が銀六〇目替であったから、金一分は銀一五匁に相当する。分の下の単位は朱〈四朱で一分〉であるが、一朱は銀に換算するときに割り切れず、端数が出るせいであろうか、長崎貿易の勘定では朱が用いられず、金一分以下については、銀遣いによっている）。そして、銀貨不足の懸念による貨幣についての問題は、銅銭にも及んでおり、寛永通宝鋳造の材料確保のために、幕府は銅の輸出をも禁止した。

この措置によって、唐人・オランダ商館へは、日本側の商人から輸入の代価として、小判が渡されることになった。小判を受け取った唐人やオランダ商館側は、この小判をそのまま持ち帰ってもよし、また、日本から輸入したい物があれば、この小判で購入してもよいという仕組みになった。

ところで、オランダ商館と貿易勘定を行うときに、幕府は小判一両を銀六八匁の両替値にすることを命じた。ここに国内の両替値との差額が発生することになり、公定両替値で小判一両につき銀八匁の差額が生じた。この差額を間金（あいだがね）といい、日本側の利益とされることになった。オランダ商館にとっては、銀遣いのときよりもかなり不利な条件であったが、しかし、オランダ商館の場合は、この小判をコロマンデル地方（ベンガル湾沿岸）へ運べば、小判一両が銀九二匁以上に売れるということで、かなりの利益が見込まれたから、とくに不服は申し立てなかった。

しかし、唐船の場合は、事情が異なった。すなわち、日本と中国とでは金銀の比価が近似しており、唐船の場合は小判を持ち帰っても利益が出ない事情にあった。そこで、唐船は小判によって、利益の出る品物を日本から輸入しなければならない事情となったが、これに適する品物が少なかった。従来は、銀に次いで銅が唐人に輸入されていたが、これも禁止となって、唐船との貿易の維持がかなり難しい状況に陥ることになった。この結果が、翌寛文九年（一六六九）に、唐船に対しては銀道具の輸出解禁、ならびに銅輸出解禁となって現れている。すなわち、銀不足が心配されるので、銀を輸出禁止にすればよいというような直接的な施策では、事態の解決はできない状況にあった。

このような状況に至って、幕府の長崎貿易対策が、根本的に改革される方向をとり出す。まず肝要なのは銀の輸出を減少させること、すなわち、日本からの支払いを減少させる方法の開発が必要とされた。結果的に見れば、これは輸入時に日本側の輸入商人の競買いによる輸入価格の騰貴を止め、できるだけ輸入価格を引き下げる方向で対策が展開された。この行き着いた結果は、輸入商人に直接輸入価格を決めさせず、別の方法でできる限り低い輸入価格を決めて、この価格で唐人やオランダ商館に輸出を承諾させるという方法である。このような方法の開発は、長崎奉行所の役人だけでは困難な事情であり、長崎の主だった者をも含めて、いわば官民一体となって対策が練られた。このような事態はきわめてまれである。唐通事や阿蘭陀通詞は、唐人やオランダ商館の海外における品物の輸入原価の探り出しに活躍し、日本側で設定する輸入価格の引下げに貢献した。

## 貨物市法の原形

貿易改革の命を帯びた長崎奉行牛込忠左衛門が、長崎に赴任したのは寛文十一年（一六七一）九月十三日である。牛込は、長崎現地到着後、まず九月二十日付けで「阿蘭陀帰帆覚」を発令し、オランダ船の帰帆に関わる諸手続きを明確にしている。次いで、九月二十九日、翌晦日付けで長崎代官をはじめ町年寄・常行司・阿蘭陀通事・唐通事など長崎の主だった役人が、職務執行に関わる誓詞を行っており、貿易改革の準備が急速に整えられている。そして、長崎代官末次平蔵や町年寄らを含めた対策会議が重ねられるとともに、阿蘭陀通詞・唐通事を通して輸入品の産地・価格、運上・掛り物(関税)の有無等に関する調査が精力的に行われている。

長崎奉行を中心として練られた新貿易方法がはじめて実際に施行されたのは、寛文十一年十一月である。すなわち、この年の貿易取引きの期限（九月二十日）を過ぎた十一月に、この年三八番目にあたる唐船が一艘遅れて長崎に入港して来た。この三八番船に新たに考案された貿易方法が試みられた。

唐船が長崎に入港すると、唐船風説書の提出など所定の手続きがあり、当該唐船の当番宿町が決められ、また、奉行所による積荷改めが行われて、積荷が所定の唐人蔵に納められる。これは従来どおりの方法と変わりなく行われた。次に、国内の輸入商人が、三八番船の貨物を点検して評価し、おのおのが各品について入札を行った。次に、この入札の最高値より三番までの札が奉行所に報告された。奉行所では報告を受けた三番札までの平均価格を算出し、この価格で売り渡すように唐人に提示した。唐人側はこれを受けて判断し、売却に合意した。この唐人側の返答を得て、奉行所は先の入札の最高値で、三番札までの輸入商人にこの買取りを指導し、購入させた。この貨物の受渡し・代銀の支払いは、宿町を通して行われた。そして、輸入価格（三番札までの平均価格）と輸入商人の買取り価格（一番札の価格）の差益（間銀）は、長崎内・外町に配分された。

三八番船に試みられた新方法は、国内輸入商人による唐船貨物の入念な点検・評価、これに基づく適切価格の入札、この入札価格に基づく奉行所による輸入価格の決定、その価格の唐人への提示・売渡しの要請、唐人からの売渡し合意の取付け、先の入札の最高値による輸入商人への貨物買取りの指導、買い取らせ、宿町を通した貨物・代銀の受渡し、この過程で発生した差益銀の長崎地下への配分が、この新法の特徴となっている。ただし、三八番船の入港は、時期外れであったために、諸国の商人はすでに長崎を立ち去っていたものと判断され、この取引きにあたったのは、長崎の商人であったと見られる。したがって、間銀が長崎地下に配分されているのは、この事情によるものと判断される。

以上の方法が、貨物市法の原形となって、この後、試行錯誤を繰り返して、より効果的な方法へと改良されていくのである。

## 貨物市法の成立

### 寛文十二年春貿易の事態

寛文十二年（一六七二）三月、唐一番船（内町支配）・二番船（材木町支配）との貿易に対して、昨年十一月の三八番船に試行された仕法の適用が命じられた。ところが貨物の点検・評価後の入札の段階においてトラブルが発生した。すなわち、入札を希望する輸入商人が数千人に及び、収拾のつかない事態に陥った。ここに至って、急遽改良が加えられることになった。

すなわち、入札時に混乱を避ける対策が講じられた。まず、五ケ所からそれぞれ商売の巧者が選出され、この者たちに唐船が持ち渡った貨物の点検・評価を行わせ、その後に入札を行わせる。そして各箇所より町年寄へ一冊ずつの入札帳を提出させる。そして、次の輸入価格決定の段階では、高札三番までを事務的に平均して輸入価格としていたのを改め、町年寄の下で高札三番までの平均価格を出しているが、これをそのまま輸入価格とせずに、調整を加えている。なぜ調整を加えることになったのかは詳らかではないが、一番札から三番札の差が大きすぎたか、あるいはかなりの高値になってしまい輸入価格引下げの効果が危ぶまれたとか、あるいは間銀の抽出に関わる不都合な価格であったとか、何かの事情が発生したものと見られる。

町年寄の下で調整して決定された価格は、唐人に提示され、唐人側はこの価格による売渡しに合意した。そこで、五ケ所および諸国商人のうちから一一六人の信頼できる商人を選出して、この者に一・二番船の貨物を割り付けて唐人から貨物を買い取らせている。そして、一一六人の信頼できる商人は、諸国の輸入商人に入札によってこの貨物を売り払い、ここに生じた差益は一一六人で分配している。

すなわち、昨年三八番船に試みていちおうの成果をあげた方法は、じつは多数の輸入商人の下では通用しない欠陥を有してしたわけで、寛文十二年（一六七二）の春の唐一・二番船に対しては、発生した混乱を避けて、当面の貿易取引きを動かす対策が講じられた、ということであろう。ただ、注目されることは、輸入商人全員に入札を行わせる方法をとらずに、五ケ所商人をベースにした特定の貿易取引きに明るいものを選出して、彼らに入札を行わせ、その価格にさらに町年寄らが調整を加えて、輸入価格を決定する方法がとられていることである。

### 新貿易方法の改良

寛文十二年春、唐船一・二番船に行われた方法は、混乱した事態を収拾するために、臨時的処置として行われたものであり、これを元にしてさらに改良が加えられていく。

まず、五ケ所から糸・端物・薬種・荒物の目利き巧者を各一二人ずつ選出し、この目利巧者が唐人蔵元へ出向き、貨物を入念に点検・評価する。そのうえで目利巧者が国内市場の相場を考慮して、なるべく安価に入札を行う。この入札は奉行所へ提出され、ここで吟味のうえ、輸入原価が決定される。この原価を唐人に示して売渡しを要請し、唐人側が売渡しを承諾している。

一方において、長崎に居合わせている諸国の輸入商人を例年の輸入実績に基づいて、大・中・小の三等級に分けている。そして、この等級づけを受けた者たちは、各自の名前と購入希望の品名を札に書きつけて、担当の町乙名のところへ提出する。町乙名はこの札を町年寄のところへ持ち寄り、ここで糸・端物、薬種、荒物の三種に分けて、一通り読み上げられ、鬮に仕立てられて、この鬮を引き当てた順番に貨物が、その購入を希望した大・中・小の商人へ渡されていく。一人につき大商人は糸・端物は三貫四〇〇目を、中商人は糸・端物は一貫五〇〇目、荒物は一貫目、薬種は五〇〇目、小商人は糸・端物は八〇〇貫目、荒物は六〇六匁、薬種は三〇六匁を購入することができるように定められている。

このように改良が施されたが、大・中・小商人が多数であったために、現実的には各商人に貨物を小割りしていくことが困難であった。そこで糸・端物、荒物、薬種の三種に分けて貨物を引き当てた者たちが、その品によってグループをつくり、グループ単位に入札によって引き当てた品物を、購入希望の諸国輸入商人へ売却し、輸入原価とこの売却価格の差益をグループのメンバー間で分けている。

このように第三番目に改良された方法も、長崎に集まる輸入商人の数が増してくると、入札数が多くなって対処できない状況となり、定法にはならなかった。

## 輸入商人の分限高・割付け高の規定

前記のように次第に改良が加えられて貨物市法は完成に近づいていくが、改革の一つとして、輸入商人の分限高と割付け高の規定がなされている。

すなわち、長崎奉行所では、寛文七年（一六六七）から同十一年までの五年間継続して長崎で輸入活動を行った実績のある商人と、五年間の継続した輸入活動はないが、寛文十二年の春から秋にかけて長崎に居合わせた商人とに区別して、それぞれの輸入できる額を定めている。

まず、五年間継続して輸入活動の実績のある商人は、各町の乙名に調査させ、その商人の輸入額に関して、たしかにその額を輸入しているとする証文をとり、帳面に仕立てて奉行所へ提出させている。そして、これをもとに、この五年間の一年平均の輸入額を算出し、これを分限高として三二段階に分け（第1表）、それぞれの等級に応じて、彼らが輸入できる額（割付け額）を規定している。

次に、この五年間継続して貿易取引きを行っていないが、寛文十二年のこの調査のときに、貿易のために長崎に居合わせた商人に対して、このときにおける各自の所持銀の高に応じて二二段階に分け、同様にその等級相応に貨物輸入額が規定されている(第2表)。

**第1表 「分限高」**

| 分限高 | 割付額 |
|---|---|
| 3貫目以下 | 分限高に500目増 |
| 4 ～ 5貫目 | 分限高同額 |
| 6 ～ 9 | 5.500貫目 |
| 10 ～ 13 | 6.000 |
| 14 ～ 17 | 6.700 |
| 18 ～ 20 | 8.100 |
| 21 ～ 23 | 9.600 |
| 24 ～ 26 | 11.200 |
| 27 ～ 29 | 12.800 |
| 30 ～ 32 | 14.300 |
| 33 ～ 35 | 15.800 |
| 36 ～ 40 | 17.000 |
| 41 ～ 45 | 18.200 |
| 46 ～ 50 | 19.000 |
| 51 ～ 60 | 20.200 |
| 61 ～ 70 | 21.200 |
| 71 ～ 80 | 22.200 |
| 81 ～ 90 | 23.200 |
| 91 ～ 100 | 24.200 |
| 110 ～ 130 | 25.300 |
| 140 ～ 160 | 26.400 |
| 170 ～ 190 | 27.500 |
| 200 ～ 250 | 28.700 |
| 260 ～ 300 | 29.900 |
| 310 ～ 350 | 31.200 |
| 360 ～ 400 | 32.500 |
| 410 ～ 500 | 33.900 |
| 510 ～ 600 | 35.400 |
| 610 ～ 700 | 37.000 |
| 710 ～ 800 | 38.700 |
| 810 ～ 900 | 41.000 |
| 910 ～1,000 | 43.000 |
| 1,000以上 | 43.000 |

(「唐阿蘭陀商法 乾」・『長崎根元記』による)

**第2表 「分限高」**

| 分限高 | 割付高 |
|---|---|
| 1貫目以下 | 所持銀高同額 |
| 1 | 800目 |
| 2 | 1.000貫 |
| 3 | 1.200 |
| 4～ 5貫目 | 1.500 |
| 6～ 9 | 2.200 |
| 10～ 13 | 3.000 |
| 14～ 17 | 3.500 |
| 18～ 20 | 4.000 |
| 21～ 23 | 4.300 |
| 24～ 26 | 4.500 |
| ?（27～29） | ? |
| 30～ 32 | 5.300 |
| 33～ 35 | 5.500 |
| 36～ 40 | 5.700 |
| 41～ 45 | 6.000 |
| 46～ 56 | 6.300 |
| 51～ 60 | 6.800 |
| 61～ 70 | 7.500 |
| 71～ 80 | 8.300 |
| 81～ 90 | 9.200 |
| 91～100 | 10.000 |

(典拠は第1表に同じ)

以上のようにして、分限高・割付け高の限定が成立したが、このような規定を受けた商人（貨物商人・市法商人・貨物引請人などという）は、じつはこれ以降における長崎貿易に参加することを公認されたのである。

ところが、この規定が行われたときに長崎に居合わせなかったが、長崎貿易に参加を希望する商人がなお各地に存在し、この規定のことを聞きつけて、多数の商人が長崎奉行所に押しかけるという事態が、寛文十二年（一六七二）の六・七月まで続いたといわれる。奉行所では、これらの商人を吟味のうえ、正当な貨物商人の列に加えている。

## 貨物商人の組織化

分限高・割付け高の規定に伴って、五ケ所商人および諸国商人の組織化が行われている。すなわち、五ケ所商人はその割付け高に応じて大・中・小商人の三等級に分類されている。一八貫目から三三貫目までを大商人とし、八貫目から一七貫目までを中商人、五貫目以下を小商人に分けている。このときの五ケ所商人の人数およびその割付け高は第3表のようになっている。今度の割付け高の最高額は大商人の三三貫目であり、これは前掲第1表の最高割付け高が四三貫目であるから、これより一〇貫目の減少となっている。これは貨物商人の数が、その後、新たに増加したので調整した結果であろうと思われる。このように、割付け高を基準にして、大・中・小という区分を行う一方、五ケ所商人を基礎として、諸国商人をも含め

第３表　五ケ所貨物商人人数・割付け高

| 事項／所在地 | 合計 人数 | 合計 銀高 | 大商人 人数 | 大商人 銀高 | 中商人 人数 | 中商人 銀高 | 小商人 人数 | 小商人 銀高 | その他 人数 | その他 銀高 |
|---|---|---|---|---|---|---|---|---|---|---|
| | | 貫目 | | 貫目 | | 貫目 | | 貫目 | | 貫目 |
| 江戸 | 58 | 546.600. | 17 | 171.600. | 24 | 117.000. | | | 17 | 258.000. |
| 京都 | 139 | 1,269.624.55 | 44 | 832.000. | 50 | 264.100. | 16 | 43.868.7 | 29 | 129.656. |
| 大坂 | 117 | 866.189.22 | 25 | 464.900. | 55 | 296.100. | 19 | 35.961.7 | 18 | 90.478. |
| 堺 | 285 | 2,916.176.15 | 29 | 2,037.000. | 128 | 730.200. | 50 | 107.005.19 | 11 | 41.971. |
| 長崎 | 5,412 | 10,144.401.25 | 99 | 2,225.500. | 353 | 2,998.290. | 4,960 | 4,920.611.2 | 43 | 148.005.22 |
| その他 | 172 | 280.457.8余 | | | | | | | | |

（「唐阿蘭陀商法 乾」・『長崎根元記』による）

た貨物商人の組織がつくられている。

すなわち、五ケ所のうち、江戸の場合を見ると、讃岐・豊後ほか八ケ所の商人が江戸の役人の支配するグループに所属している。そして、このグループのうち、長崎だけが他国の商人を交えず、単独で一グループを形成している。これは長崎が他の四ケ所とは異なり、抜群に商人数が多かったせいであろう。なお、どのような基準によって、諸国商人のグループ分けが行われたのか明らかではない。また、商人の人数は、各年若干の変動が見られる。

### 成立貨物市法の標準手順

貨物市法商人の組織が成立して、また、貨物市法を動かす五ケ所からの役人が決められた。役職は目利・札宿老・支配人の三種である。

目利は、幕府の買物に関わる御物目利として、伽羅目利・鮫目利・巻物目利・書物目利などが置かれ、一般の貨物目利として糸目利・端物目利・薬種目利・荒物目利・鹿皮目利・唐皮目利・牛皮目利・漆目利などが置かれている。彼らは、唐船・オランダ商館が持ち渡った貨物を蔵元で入念に評価し、各品物について適切な価格をつけた入札帳簿を仕立てて、奉行所へ提出する仕事を担う。五ケ所各所からの選出人数や総人数は明白ではないが、おそらく定数の規定はなく、時に応じてやり繰りされており、かなりの多数にのぼっていたものと見られる。

札宿老は五ケ所各所から二人ずつ選出され、貨物目利から奉行所へ提出された入札帳に基づき、各品物の輸入価格決定の作業に参加し、また、貨物市法会所から諸国商人へ貨物を入札売りするときの職務を担う。

支配人の職掌は明白ではないが、おそらく五ケ所の商人の管理下に置かれた諸国商人の全体に関わる支配にあたったもののように見られる。人数は各所に一人ずつ、合計五人であった。しかし、目利・札宿老・支配人はその時々の状況によって、人数が増減していたようである。

さて、試行錯誤はあるが、いちおうの成立を見た貨物市法の取引き手順は、おおむね次のようである。

① 入港→船中改め→阿蘭陀風説書・唐船風説書の作成、唐船の場合は宿町の決定。
② 荷役→貨物の蔵（倉庫）保管。
③ 蔵での目利による貨物の評価→入札帳の作成→奉行所への提出。

④奉行所で札宿老らを含め、入札帳に基づき調整のうえ、輸入価格決定。
⑤決定輸入価格を唐人・オランダ商館側へ提示し、売渡しを要請。
⑥唐人・オランダ商館からの返答。売渡し承諾の場合はすべてを輸入。売渡し不承諾の品は積戻し。
⑦輸入貨物を貨物市法会所を通して、諸国商人へ入札売り。落札者の決定。
⑧貨物市法会所から宿町に落札者への貨物引渡しを通知。落札者は、輸入原価と落札価格の差額を貨物市法会所へ納め、宿町で代銀と引替えに落札貨物を受領。
⑨落札者への荷渡し終了を、宿町から貨物市法会所へ報告。
⑩貨物市法会所で増銀の決算。役料の支払い・駿府への配分・貨物引受人への割戻し配当など。

各年、その時々の事情に合わせて若干の変更が見られるが、おおむね以上のような手順が標準的であったようである。

### 貨物市法商人の人数

試行錯誤を重ねながらも寛文十二年（一六七二）から貨物市法が開始されるが、このときに長崎貿易に参加していた国内の輸入商人は、どれほど存在していたのであろうか。貨物市法のもとでは、五ケ所の役人のもとに諸国商人が配置され、長崎に到着した際に、奉行所に届けるようにされていた。したがって、貨物市法の施行期における長崎貿易商人の数がかなり具体的に把握することができる。

まず、五ケ所関係について見ると、延宝元年（一六七三）の場合は、貨物市法商人は合計六、〇一一人で、五ケ所の内訳は、江戸商人五八人、京都商人一三九人、大坂商人一一七人、堺商人二八五人、長崎商人五、四一二人となっている。五ケ所の割合を見ると、江戸商人〇・九六％、京都商人二・三一％、大坂商人一・九四％、堺商人四・七四％、長崎商人九〇・〇三％となっており、長崎が一ケ所で九〇％を占めており、残りの一〇％を四ケ所が分け合っている状況であるが、残りの一〇％の約半分を堺が占めており、他の三ケ所のシェアはきわめて低い状況を示している。

この傾向は、当年に限ったことではなく、たとえば、貨物市法後半期の延宝八年（一六八〇）の場合は、五ケ所合計六、〇三六人で、この内訳は、江戸商人七三人（一・二一％）、京都商人一三八人（二・二八％）、大坂商人一二一人（一・九八％）、堺商人二六三人（四・三五％）、長崎商人五、四四一（九〇・一四％）となっている。

長崎は寛文十二年（一六七二）の竈数が内・外町合わせて一一、二五〇竈であるから、長崎では竈持ちの半数以上が輸入商人であった。順位としては、長崎に次いで、堺、京都、大坂、江戸となっている。

次に、江戸・京都・堺・大坂の支配下に置かれた諸国商人について見ると、延宝元年の場合は、次のようである。

〔四ケ所合計　六四九人〕

〈江戸支配　合計二七八人〉

近江一人　伊予一人　讃岐三人　豊前一一人　豊後一〇人　肥前一九二人　平戸六〇人
〈京都支配　合計一七三人〉
和泉四人　安芸五人　筑前五八人　唐津三一人　大村一一人　天草二人
〈大坂支配　合計一八二人〉
石見一人　周防一一人　長門二一人　肥後六九人　薩摩九人　島原六二人　対馬九人
〈堺支配　合計　一六人〉
伏見四人　伊勢二人　紀伊二人　播磨三人　備中四人　求摩一人
ちなみに、前記の五ケ所と合わせて見ると次のようである。
総合計　六、六六〇人（一〇〇・〇〇％）
〔五ケ所合計　六、〇一一人（　九〇・二五％）〕
江戸商人　五八人（　〇・八六％）
京都商人　一三九人（　二・〇八％）
大坂商人　一一七人（　一・七五％）
堺商人　二八五人（　四・二八％）
長崎商人　五、四一二人（　八一・二六％）
〔四ケ所合計　六四九人（　九・七四％）〕

江戸支配　　二七八人（　四・一七％）
京都支配　　　七三人（　二・五九％）
大坂支配　　一八二人（　二・七三％）
堺支配　　　　一六人（　〇・二四％）

すなわち、貨物市法商人の合計はおおむね六、六〇〇人前後であり、このうち五ケ所商人が六、〇〇〇人前後で約九〇％ほどを占めており、諸国商人は六〇〇人余で約一〇％弱という状況である。そして、長崎商人が抜群に多数で、五、四〇〇人余で八〇％以上を占めている。

## 貨物市法の特色

前述のように、寛文十二年（一六七二）にはじまる貨物市法は、なかなか手のこんだ複雑な過程を持つ方法であり、後の長崎会所貿易の成立に影響を与えた注目される貿易方法である。ここでは、その特色についで、要点をまとめておく。

一　指値・一括輸入方式の採用

(1)　目的

①　諸国商人の競買いの行為を輸入原価決定の場に持ち込ませない。

②　輸入原価の低廉化を図り、輸出額の増加を抑制する。

(2) 方法

① 輸入商人自身による輸入原価の決定を行わせない。

② 五ケ所から諸貨物目利を選定して、彼らに渡来貨物を入念に評価させ、輸入原価決定のための資料（入札帳）を作成させる。

③ 長崎奉行の監督下で、②の入札帳を資料として調節し、長崎町年寄・札宿老らによって、輸入価格（指値）を決定する。

④ 外国商人側へ、③の指値による売渡しを折衝し、貨物市法会所による一括輸入を契約する（指値による輸出不承諾の貨物は積み戻らせる）。

二 貨物市法商人の組織化と貨物市法会所を通した増入札売却方式の採用

(1) 目的

① 貨物市法会所が一括輸入契約した貨物を、五ケ所および諸国商人へ支障なく売却する。

② 個人による大口輸入を抑制する。

③ 貨物市法増銀を抽出し、貿易運営費・長崎地下等への助成費用を確保する。

(2) 方法

① 五ケ所の貨物市法役人（札宿老・支配人等）を決め、彼らに五ケ所および諸国商人の貨物市法会所からの貨物買取りを支配させた。

②貨物市法商人の買取り額の上限を設定し、それを超過する輸入貨物の買取りを禁止した。
③増入札における高値により輸入貨物を売却し、増銀を抽出した。

三　貨物市法増銀の各方面配分方式の採用

①貨物市法増銀より、貿易の支配・運営に関係する長崎地下諸役人らに役料を支払った。
②貨物市法増銀より、長崎・駿府等へ助成を行った。
③貨物市法商人へ増銀を配分し、落札代銀の還元を図った。
④「浮銀」を大坂金蔵に収納した。

四　輸入品の市場価格の騰貴抑制的機能

①輸入原価を極力低廉に抑えた。
②貨物市法商人へ増銀を配分し、落札代銀の還元を図った。
③貨物市法商人の買取り額の上限を規定し、個人の大口輸入を禁止して、輸入品流通の偏りを防止した。
④幕府の召上げ生糸を確保し、適時に市場への放出を行った。

五　長崎地下および薬屋・朱座・革屋等への助成

①増銀の配分のほかに、「三ケ一」商売による利銀を長崎地下に与えた。
②薬種・朱・皮革等をそれぞれ専門の商人に原価買取りを行わせた。

詳細に見ていくと、このほかにも注目される特色があげられると思われるが、以上が貨物市法のおもな特色である。

## 貨物市法増銀

### 貨物市法増銀の性格

貨物市法では、指値によって輸入した貨物を貨物市法会所を通して、輸入原価を公示し、貨物引請人へ入札売りにする。この間で貨物市法会所は差益を得る。この差益を貨物市法増銀というが、かつて、この増銀の性格は糸割符増銀に同じであるとする見解があった（中村質『近世長崎貿易史の研究』）。

しかし、貨物市法増銀と糸割符増銀とはまったく性格を異にするものである。すなわち、糸割符においては、白糸の配分に関する株があって、糸割符人は各自その配分高が決まっている株を持っているわけである。したがって、糸年寄が白糸の輸入から国内市場への売却の作業を通して出す糸割符増銀は、まず、五ケ所へ所定の配分率によって渡され、各都市ではそこの糸割符人へその持ち株に応じて、増銀を小割りするのである。すなわち、わかりやすくいえば、各糸割符人が持ち株相応の出資を行い、それを糸年寄が白糸輸入の商売に運用して増銀を抽出し、その増銀を株主に配当する、という仕組みである。

いっぽう貨物市法は、貨物引請人に持ち株相応の資金を出させて、これを貨物市法の役人（札宿老・支配人・目利ら）が長崎貿易に運用して利益を上げ、この利益（貨物市法増銀）を五ケ所の貨物引請人や四ケ所の支配に所属する諸国の貨物引請人へ、その持ち株相応に配当する、という仕組みを持っていない。

貨物市法においては、まず貨物引請人は長崎の現地へ出かけないと輸入行為が許可されない。貨物引請人は長崎へ行って、貨物市法会所において入札を行い、各人に割り付けられている輸入可能な額の範囲内で貨物を落札する。このとき、貨物市法会所は指値による輸入価格と貨物引請人の落札価格の差益を得る。これが貨物市法増銀であり、これから貨物市法を運営する役人の役料を支払い、長崎と駿府に特別の助成銀を渡し、その残額を落札者（貨物引請人）へ割り戻し、さらにこれに余った額が「浮銀」と称されて、長崎の公共事業費に使われ、さらにその余りは大坂金蔵に納められたのである。

したがって、貨物引請人と貨物市法増銀の関係は、一度貨物引請人が貨物の落札のときに貨物市法会所へ支払った額の一部が、後に割り戻されたという関係にある。このように糸割符と貨物市法とは取引きの形態が異質なものであり、その増銀の性格も著しく異なるのである。

## 貨物市法増銀の配分

貨物市法においては、唐船・オランダ商館から指値方式で輸入されることになった貨物は、貨物市法会所を通して、五ケ所および長崎を除く四ケ所の支配下に配置された諸国商人へ、入札によって売り渡されていく。この過程において、指値（輸入原価）と貨物引請商人への落札価格（売渡し価格）の差益が発生する。この貨物市法増銀がどれほどに上っていたのかというと、最多は延宝六年（一六七八）の銀高五、八一三貫七三七匁余で、最少は天和元年（一六八一）の銀高一、七五六貫二一一匁余であって、各年度によってかなり大きな格差が生じている。延宝元年(一六七三)から貞享元年（一六八四）に至る一二年間の合計では、銀高四六、二七八貫七八二匁余となっており、一ヶ年の平均では銀高三、八五六貫六〇六匁余となる(第4表参照)。

唐船とオランダ商館を比較してみると、両者の一ヶ年平均合計は銀高三、八五六貫六〇六匁余で、このうち、唐船が銀高二、三六五貫二〇四匁余、オランダ商館が銀高一、四九一貫四〇二匁余となっており、おおむね唐船から六〇%強、オランダ商館から四〇%弱の増銀が発生していたことになる。

**第4表　貨物市法増銀**　(単位：匁)

| 事項／年 | 合計 | 唐船 | オランダ商館 |
|---|---|---|---|
| 延宝元 | 5,712,398.7 | 2,900,541.8 | 2,811,856.9 |
| 2 | 2,913,022.3 | 1,919,971.5 | 993,050.9 |
| 3 | 6,189,758. | 3,999,818.4 | 2,189,939.6 |
| 4 | 2,877,901.3 | 1,712,387.2 | 1,165,514.1 |
| 5 | 3,850,887.2 | 2,423,018.4 | 1,427,868.8 |
| 6 | 5,813,737.3<br>(5,813,737.2) | 4,422,015.2 | 1,391,722. |
| 7 | 4,209,008.7 | 2,674,143.2 | 1,534,865.5 |
| 8 | 3,127,173. | 2,097,996.4 | 1,029,176.6 |
| 天和元 | 1,756,211.7 | 480,616.6 | 1,275,595.1 |
| 2 | 4,514,947.6 | 2,788,648.7 | 1,726,298.9 |
| 3 | 2,706,529.8 | 1,628,082.5 | 1,078,447.3 |
| 貞享元 | 2,607,707.3 | 1,335,215.4 | 1,272,491.9 |
| 合計 | 46,278,782.8 | 28,382,455.3 | 17,896,827.5 |
| 年平均 | 3,856,606.9 | 2,365,204.6 | 1,491,402.29 |

註：『長崎根元記』による。( ) は実際の計算による数値。

この増銀がどのように処理されていったのかというと、おおむね次のようである。すなわち、貨物市法一二年間の一ケ年平均の増銀が銀高三、八五六貫六〇六匁余であることは先に記したが、この平均増銀にもっとも近似した銀高三、八五〇貫八八七匁余の増銀が出ている延宝五年（一六七七）の増銀の処理の状況を見ると次のようである。

まず、増銀の中から貨物市法を運営していくために置かれた主に長崎の地役人へその役料が支払われる。これが銀高七六貫七三〇目余となっている。次に、長崎の貨物引請人へ銀高一、九二五貫七三七匁余が渡され、長崎へはこの二口合計の銀高二、〇〇二貫四六七匁余が渡されている。この残余が長崎を除く四ケ所とそこに配属されている諸国の輸入商人へ渡され、この額が三、八五〇貫八八七匁余である。割合を見ると、貨物市法の運営費たる長崎諸役人の役料分は全体の約二％程度で、残りの約九八％が五ケ所の貨物引請人へ渡されている。また、長崎へは役料と配分金で約五二％が渡されており、長崎を除く四ケ所へは約四八％ほどが渡されている勘定である。

## 貨物市法の効果と廃止

### 貨物市法の効果

糸割符仕法を廃止して、白糸の輸入も一般商人の相対売買に開放したところ、諸国商人が長崎貿易に多数参加するようになり、競って輸入活動を行うようになった。その結果、諸品の輸入価格がことのほかにつり上がり、日本側商人は唐人やオランダ商館に対して、必要以上に多額の支払いをしなければならない状況を生み出した。日本側からの支払いはもっぱら銀（丁銀・灰吹銀・銀道具など）によって行われていたので、多額の支払いは、すなわち多額の銀輸出ということを意味し、きわめて多量の銀が海外へ流失した。このことによって、日本国内の銀貨の量が減少し、このことによる経済混乱が懸念されて、この対策として貨物市法が考案・実施されたのであるが、この目的がどれほど達成されたのであろうか。

唐船やオランダ商館に対する輸出内容を詳細に記している史料は、十分に整っているわけではない。とりわけ唐船の場合は、この関係の史料の残存が少ない。したがって、網羅的には明らかにはならないが、しかし、貨物市法の輸出抑制についての効果をいくぶん伺い知ることは可能である。

まず、オランダ商館への輸出について見ると、享保四年（一七一九）五月に、阿蘭陀通詞の西吉太夫が、老中水野和泉守忠之に提出した「阿蘭陀方商売覚帳」という記録がある。これには、慶安元年（一六四八）から享保三年に至る七一年間にわたるオランダ商館への輸出額が記されている。これによれば、相対売買期と貨物市法期の一年平均の輸出高は、

相対売買期　銀高　一〇、二六三貫四八二匁余（一〇〇％）

貨物市法期　銀高　六、六五〇貫八一一匁余（六四・八％）

となる。すなわち、相対売買期に比較して、貨物市法期になって、輸出額は約三五％の減少となっている。

輸出内容の内訳を見ると、貨物市法期一三年間の輸出総高の一年平均は銀高六、六五〇貫八一一匁余で、

このうち、貨幣ではなく品物で支払っている分の一年平均高は銀高三、四五三貫一〇八匁余であるので、金（小判）で支払った分は、一年平均で銀高三、一九七貫七〇三匁余である。ちなみに、相対売買期（明暦元年〈一六五五〉から寛文十年〈一六七〇〉）一六年間の一年平均オランダ商館への金・銀輸出高は銀高六、六九七貫二四二匁余であるので、この比は一〇〇対四七・七四となり、まさに金銀の輸出量は貨物市法になっておおむね五〇％以上の減少となって現れている。

次に、唐船の場合を見ると、オランダ商館の場合のように、同一記事の中で相対売買期と貨物市法期の貿易額の比較が可能な「阿蘭陀商売方覚帳」のような史料は見出されていない。したがって、相対売買期と貨物市法期の貿易額の細かな比較検討は目下のところ不可能であるが、たとえば、『長崎記』（『通航一覧』所収）や「続長崎鑑」（県立長崎図書館所蔵）に、断片的ではあるが唐船に対する貿易額が見られる。

| | | |
|---|---|---|
| 寛文十二年 | 銀高 | 一五、〇三二貫一七〇目余 |
| 延宝　七年 | 銀高 | 一〇、四〇四貫四九六匁余 |
| 同　　八年 | 銀高 | 一〇、五八二貫九五九匁余 |
| 天和　元年 | 銀高 | 一、六〇四貫〇六一匁余 |
| 同　　二年 | 銀高 | 九、九八二貫八九一匁余 |

データとしては、けっして十分ではないが、傾向を伺うことはできよう。『長崎記』による貨物市法期（明暦元年から寛文十年）の一年平均の貿易額は銀高一六、七五一貫〇一二匁余であるから、寛文十二年

はかなり接近しているが、他の年は明白に減少が認められる。

また、「唐阿蘭陀商法」（内閣文庫所蔵）には、貨物市法の一二年間に「阿蘭陀唐人持渡銀高」として、オランダ商館へは一年平均銀高三、〇〇四貫八二三匁、唐船へは一年平均銀高五、九五二貫〇四四匁という額が記されている。この額は、オランダ商館へは銀の輸出が禁止されているので、おそらく金（小判）の輸出額を銀額で示したもので、唐船の額は文字どおり銀の輸出額を示したものと解釈される。これによれば、オランダ商館への金輸出額は前記の「阿蘭陀方商売覚帳」では一年平均銀高三、一九七貫七〇三匁余となっているが、これよりもいくぶん少額となっている。唐船については、「長崎記」（『通航一覧』所収）によれば、明暦元年（一六五五）から寛文十年（一六七〇）の相対売買期一六年間の一年平均金銀輸出高は銀高一〇、九六九、九二五匁余であるので、これと比較すると一〇〇対五四・二五となり、貨物市法期の方が約四五%ほどの減少となる。

そして、長崎奉行を勤めた大岡清相がまとめた『崎陽群談』という記録があるが、その中で相対売買期一〇年と貨物市法期一〇年を比較すると、後者の方が一年平均にして金高一六万六千余両（小判一両を銀六〇目の両替で銀高九、九六〇貫目）ほど「異国渡りの金銀」が減少した、貨物市法は「商売の事に於てハ無上の良法ニ候」と記されている。

以上のように、貨物市法期の輸出額を各年網羅的に明らかにすることはできないが、しかし、貨物市法の施行によって、相対売買のときと比べると、金銀の輸出量が目立って減少したことが伺われる。

## 貨物市法の廃止

幕府は、貞享元年（一六八四）十二月二十六日付けの覚によって、貨物市法を廃止し、糸割符仲間を復興して生糸の輸入を同仲間に独占させ、他の貨物については一般諸国商人の相対売買にすることを命じた。この糸割符仲間の復興に関わる覚は、貞享二年正月十日に、長崎表の奉行川口宗恒の元へ届いている。

ところが、この覚の内容は「唐船阿蘭陀商売之儀、先規之通、糸割符に仕、其外諸色ハ相対売買ニ可申付之」（「長崎御役所留」県立長崎図書館所蔵）、すなわち、唐船とオランダ商館との貿易は、以前の取決めどおり糸割符とし、その他の品々は相対売買とすることを申しつける、という簡単なもので、糸割符の復興に際しての具体的な指示は示されていなかった。たとえば、糸割符仲間の再興ひとつにしても、明暦元年（一六五五）の糸割符廃止以来すでに三〇年を経過しているので、この間に旧糸割符仲間の者たちの世代交代や資力、都市内における立場に変化が生じていることは明らかであり、これを復興させるといっても容易なことではなかったものと思われる。そのため、長崎奉行川口宗恒は、折返し問題点を江戸の老中に問い合わせている。貨物市法の廃止、糸割符の復活は、貨物市法創始のときとは大いに事情を異にしており、長崎奉行、同代官以下の主要な地役人らを巻き込んで検討を重ねたうえで行われたものではなく、老中から抜打ち的に命じられたものである。

これに先んじて、貞享元年四月二十八日に、目付戸田直武らが幕命によって長崎表に赴いている事実がある。彼らが何を目的として長崎に派遣され、老中へどのような報告をしたかは明白ではないが、察するにおそらく貨物市法に関わる何らかの望ましくない報告を行ったのであろう。この結果、金銀などの輸出抑制面においては、著しい効果をあげていたにもかかわらず、貨物市法が廃止され、代わって糸割符仲間が復興されることになったものと見られる。

そして、長崎奉行川口宗恒からの問合わせに対して、老中が川口の書簡の行間に、当該部分に関わる指示をいちいち書き込み、ふたたび川口の元へ返送している。この指示の主旨はおおむね次のようである。

①糸割符仲間の構成は、先規のとおり江戸・京都・堺・大坂・長崎の五ケ所をもってせよ。
②呉服師仲間への配分は、先規のとおり現糸六〇丸とせよ。
③生糸の輸入価格は春期に取り決めて、それを向こう一年間通用させよ。
④糸割符仲間への増銀の配分は、先規のとおり糸年寄に一任せよ。
⑤糸宿老を四ケ所より選出し、増銀の配当を行わせよ。
⑥貨物市法時に置かれた札宿老は廃止せよ。
⑦糸年寄の長崎到来は、先規のとおり七月五日までとせよ。
⑧以後は、白糸だけではなく黄糸、下糸に至るまで糸割符の対象とせよ。

ところで、何ゆえに貨物市法を廃止することになったのであろうか。『崎陽群談』によれば、貨物市法は貿易の方法としては、この上ない良法であったが、一年間に行う貿易の船数や取引き額の限定がなされていなかったために、唐船は貨物市法に対抗して、薄利多売の方法をとってきたために、金銀の国外流失がなお治まらず、さらに貨物市法の実施によって、長崎奉行までが商人のようになって「浮銀」を蓄えるようになり、奉行をはじめ長崎地下の役人、寺社などがすべて結構ずくめとなって、それに関するよくない噂も流れた。そのために、貨物市法は貿易の良法ではあったが、このような虚説がもとになって廃止されるに至ったと述べている。

貨物市法に対抗して、唐船が薄利多売をとってきたので、金・銀の海外流失が止まらなかったことを貨物市法廃止の一因にあげているが、これは疑わしい。たとえば、貨物市法期における唐船の渡来数が判明するが、延宝元年（一六七三）二〇艘、同二年二二艘、同三年二九艘、同四年二四艘、同五年二九艘、同六年二六艘、同七年三三艘、同八年二九艘、天和元年（一六八一）九艘、同二年二六艘、同三年二七艘、貞享元年（一六八四）二四艘（「長崎雑記」九州文化史研究所所蔵）となっており、とくに年が下るにつれて唐船の渡来数が増加している傾向はない。かりに、貨物市法の前半（延宝元年〜同六年）と後半（延宝七年〜貞享元年）を比較して見ると、前者が合計一五〇艘、一年平均二五艘で、後者が合計一四八艘、一年平均二四・七艘できわめて近似しており、唐船が貨物市法に対抗して渡来数を増加させて、薄利多売を講じてきた形跡は伺われない。貨物市法になって、金銀の輸出量が減少していることは先述したが、たとえば、先に岩生成一氏が発表された貨物市法期の唐船の貿易額を見ると（「近世日支貿易に関する数量的考察」〈「史学雑誌」六二―一一〉）、

延宝二年　　銀高　一八、二七〇貫三一四匁二

| | | |
|---|---|---|
| 延宝四年 | 銀高 | 七、三九九貫八八〇目 |
| 同　五年 | 銀高 | 九、五九九貫八八一匁五 |
| 同　六年 | 銀高 | 一二、七七九貫九七七匁一 |
| 同　七年 | 銀高 | 九、五六八貫二一〇匁 |
| 同　八年 | 銀高 | 一三、三三三貫三〇〇目 |
| 天和元年 | 銀高 | 一、四七七貫五六〇目 |
| 同　二年 | 銀高 | 九、五二九貫四〇〇目 |
| 同　三年 | 銀高 | 四、八六九貫二九五匁 |
| 貞享元年 | 銀高 | 四、一八一貫八五〇目 |

となっており、唐船が薄利多売を講じてきた形跡はない。すなわち、『崎陽群談』の当該記事は、貨物市法の廃止に関わり、貞享二年（一六八五）から御定高制度が適用になるので、この御定高制度の制定の伏線として貨物市法のときに一年間における取引き高の規定がなされていなかった点を記したもので、結果からした理由づけであったと見られる。

また、貨物市法廃止の一因として、長崎奉行までが商人のようになって、貿易の利益獲得に走る振舞いが見られたとか、さらに私腹を肥やしているがごとき風聞が流れたようなことがらと、長崎が貨物市法の利益をことさらに受けて、奢侈化したことに対する批判的風評があったことを述べている。『崎陽群談』

では、これらを「虚説」として否定的に扱っているが、先に述べた目付戸田直武らの長崎来訪の報告は、これらの点に関わるものであったのではなかろうか。でなければ、貨物市法を廃止する理由がとくに認められない状況である。

さらに加えれば、糸割符復興の裏には、明暦の廃止以来、旧糸割符仲間の執拗な復興の運動がなされていたことがあげられる。

# 第三章　御定高制度の制定と展開

## 御定高制度の制定

### 御定高制度とは

「御定高制度」とは、貞享二年（一六八五）から長崎貿易に採用された貿易制度で、一年間における貿易額の上限を定めておき、この限度額すなわち定高を超えない範囲内でしか、貿易取引きを行わせない制度である。

まず、この読み方については、従来は「おさだめだか」とか、「ごじょうだか」あるいは「御」をはずして「じょうだか」と読まれてきている。管見ではいまだ仮名書きの用例を見ないが、たとえば、長崎奉行が発した覚では「一　阿蘭陀商売御定之通金五万両可限之」（「長崎唐蘭船交易覚書」〈「法政史学」二〇号付録〉）というように使用されている。長崎奉行の経験のある大岡清相の著した『崎陽群談』でも「其比の商売の仕方ハ御定之通商売銀高を八拾艘江割付」と使用されている。この場合は、「御定之通」を

「ごじょうのとおり」とは読まず、「おさだめのとおり」と読んだに相違ない。

そして、「高」を付した使用例としては、「右壱万三千貫目の御定商売高ニ而有之候」、「唐船方御定高六千貫目」（以上『崎陽群談』）とか「御定高商売時分」（「長崎旧記」〈県立長崎図書館所蔵　古賀文庫本〉）、「御定高六千貫目之内」（「自寛永十年五月至宝永五年十二月　日記」県立長崎図書館所蔵）などと使用されている。「御定高」とある場合には「ごじょうだか」と読みたくなるが、「御定商売高」という使用例の場合は、やはり「ごじょうしょうばいだか」とは読みにくく、当時は「おさだめしょうばいだか」と読まれていたように判断される。したがって、「御定高」は「おさだめだか」と読む方が妥当であろう。

ところで前に御定高とは一年間の貿易額の上限を定めたものと書いたが、この貿易額の内容は何かというと、日本側から見れば輸入総額である。すなわち、唐船やオランダ商館が日本に貨物を持ち渡り、それを輸出する。日本商人側は、唐船やオランダ商館が持ち渡って来た貨物を、値組法や入札法によって輸入価格を取り決めて買い取ることになるが、この輸入価格の合計額の上限を定めているのが御定高である。

長崎での貿易取引きは、日本の輸入商人が唐人やオランダ商館から貨物を買い取ると、その代は銀貨で支払う。しかし、幕府は銀貨を海外へ持ち出されては困るので、一度支払った銀貨で、唐人やオランダ商館に日本の品物を買わせる方法をとっていた。オランダ商館は、受け取った銀貨でおもに金（小判）や銅などを買い取り、それを海外へ持ち渡った。唐船の場合は、金（小判）と取り替えても利益がなかったので、銀貨をそのまま持ち帰りたがったが、幕府はそれを許さず、できる限り銀貨を日本の貨物に代えさせようとした。結局、銅や海産物や工芸品などを買わせるようにしたが、日本からの適当な輸出品が少なかったために、いくぶんかの銀貨は中国へ持ち出された。

このような仕組みで貿易取引きが行われたから、結局、勘定のうえでは、輸入額と輸出額はトータルとして同額になる仕組みであった。したがって、御定高は輸入額の規定額であったが、輸出額と同額となるものであった。

ところで、以上のような輸出入の総額についての制限額を一般に御定高というが、このほかにも取引きに関わる数的制限が設けられていた。すなわち、輸出入の総額についての制限額のほかに、特別枠を設定して行わせる貿易取引きおよび船数や特定の輸出品についての数的規定がなされていた。

元禄八年（一六九五）に、幕府は銅だけを対価として銀高一、〇〇〇貫目（翌九年から銀高五、〇〇〇貫目に増加）を限って貿易取引きを行わせた。これを銅代物替という。また、元禄十一年に、対価を俵物・諸色だけに限った追御定高（俵物諸色替）銀高二、〇〇〇貫目を設定している。さらに、元禄十三年には、金線だけを対価とする金線代物替銀高三〇〇貫目を行わせている。

それから、元禄元年に、幕府は一年間に取引きする唐船数を七〇艘までとする制限規定を設けており、元禄十一年の追御定高二、〇〇〇貫目分として唐船数を一〇艘とする規定を設けている。

また、元禄十一年から、銅の輸出量を一年間八、九〇二、〇〇〇斤とし、このうち六、四〇二、〇〇〇斤を唐船への輸出に当て、二五〇万斤をオランダ商館への輸出に当てる規定を設けている。

これらは、いずれも一定の数的規定を設定して、この規定額を超過する取引きを禁止するというもので、考え方としては、輸出入の総額を設定してその枠内の取引きしか許可しない方式と共通の思想である。したがって、これらのやり方を総合して、御定高制度と認識してもよいが、しかし、個別の内容を持つものを一括した呼称は、時として誤解を生む場合があるので、輸出入の総額規定を御定高とする認識の方が無難のように考えられる。

**御定高制度の創始**

幕府は、貞享元年（一六八四）の末に、貨物市法を廃止して糸割符の復興を長崎奉行に命じた。そして、翌同二年の春に、糸割符仲間を再興して生糸の輸入を独占させる体制を整えたが、同年七月二十五日に、唐船銀高六、〇〇〇貫目、オランダ商館銀高三、〇〇〇貫目、合計銀高九、〇〇〇貫目とする御定高制度を取り決めた。これは翌同八月十日に長崎表に告げられている。長崎ではすでにこの年の唐船との貿易取引きがかなり進行しており、その半ばで銀高六、〇〇〇貫目とする御定高制度の適用が命じられたわけで、唐船との貿易においては銀高八〇〇貫目余を残す現状であった。したがって、この八〇〇貫目余が順次唐船の取引きに割り当てられ、八〇〇貫目余に超過した唐船には、取引き額の割当てがなくなり、雑用売り（復路の航海に必要な食料などを調達するために許可された少額の貿易取引き）だけを行わせて帰帆させることになった。結局、貞享二年には、長崎に合計八五艘の唐船が渡来したが、このうちの七四艘が御定高の枠内で貿易を行い、残りの一一艘は雑用売りだけを行って、積荷をそのまま持ち帰った。

ところで、この御定高制度採用の理由は何かというと、指摘するまでもなく貿易の総額を限定して、それ以上の取引きをさせず、銀の国外流失を食い止めようとしたものである。これは、貨物市法を廃止して糸割符を復興したが、この貿易方法はかつての糸割符仕法ではなく、基本的には相対売買であって、生糸の輸入だけが糸割符仲間に限定されたものであった。したがって、国内輸入商人による競買いのおそれがあり、輸入価格の騰貴、銀輸出の増加の懸念を残すものであった。したがって、銀輸出抑制のための何らかの新たな方策が必要とされていた。ところが、このような時期に折り悪しくも、隣国の清がそれまで行っていた海禁・遷界の政策を解除し、商船の日本渡航を許可した。このことによって、唐船の渡来が一挙に増加することが予想された。御定高制度の採用は、まさにこの実情に対処したものである。

## オランダ商館御定高金高五万両の意味

前に貞享二年（一六八五）に発令された御定高を唐船銀高六、〇〇〇貫目、オランダ商館銀高三、〇〇〇貫目、合計銀高九、〇〇〇貫目と書いたが、これを金高で唐船一〇万両、オランダ商館金高五万両、合計金高一五万両と記している史料もある。

唐船には小判一両を銀六〇目の両替で勘定したので、銀六、〇〇〇貫目は金高一〇万両となるので、とくに問題はない。しかし、オランダ商館には小判一両を銀六八匁の両替で輸出したので、この両替にしたがえば、五万両は銀高三、四〇〇貫目となる。そうした場合、オランダ商館の御定高は、銀高にした場合、三、〇〇〇貫目なのか、あるいは三、四〇〇貫目なのか、という疑問が生ずる。

『崎陽群談』によれば、オランダ商館の御定高金高五万両は、銀高で三、四〇〇貫目であり、このうちの三、〇〇〇貫目がオランダ東インド会社との貿易分で、四〇〇貫目が「脇荷」と称して、オランダ商館員や船員の私的な貿易分とされた、と記載されている。

ところが、元禄時代にオランダ商館の医師として長崎出島に滞在したケンプェルは、オランダ商館に対しては小判一両が銀六八匁の両替であったので、小判一両につき銀八匁の差額が発生しており、五万両では銀四〇〇貫目の差額が出る。したがって、これを差し引き勘定すると御定高銀高三、〇〇〇貫目は、じつは銀高二、六〇〇貫目に相当する。すなわち、銀高二、六〇〇貫目がオランダ東インド会社との貿易分で、銀高四〇〇貫目が「脇荷」の貿易分とされた、ということを述べている（ケンプェル著『日本の外国貿易史』）。

この点については、いくぶん紛らわしいが、次のような事情であった。

① オランダ商館に対する御定高は金高五万両である。

② オランダ商館へは小判一両を銀六八匁の両替値が用いられていたので、金高五万両は銀高で三、四〇〇貫目に相当する。

③ この銀高三、四〇〇貫目は、三、〇〇〇貫目がオランダ東インド会社との貿易分とされ、四〇〇貫目

が「脇荷」の貿易分とされた。

④この金高五万両＝銀高三、四〇〇貫目の貿易を行うとき、日本の輸入商人側がオランダ商館から銀高三、四〇〇貫目の貨物を輸入して、この代金の支払いは、小判一両＝銀六〇目の両替値で換算して、小判五六、六六六両余（3,400貫目÷68匁）を出島の役人へ渡す。出島役人は、このうちから金五万両をオランダ商館へ渡す。

⑤右の④の過程で、出島役人方に小判一両につき銀八匁の差額が残り、合計金高六、六六六両余の差額が残る勘定となる。これは「間金」と称されて日本側の利益となり、長崎の公共事業費などに当てられた。

以上のように、オランダ商館に対する金高五万両の御定高は、実際には銀高にして三、四〇〇貫目の貿易ができたのである。

## 御定高の数規定の根拠

貞享二年（一六八五）に発令された御定高は、唐船銀高六、〇〇〇貫目、オランダ商館銀高三、〇〇〇貫目（金高五万両）であったが、この数規定の根拠は何であったのであろうか。この点について、はじめ山脇悌二郎氏は、貞享二・同三年の唐船に対する輸出品の内容を検討され、その結果、御定高の数規定の根拠は、銅の輸出能力から割り出されたもの、とする見解を示された。貞享二・同三年の唐船に対する輸出内容からすると、山脇氏の見解にうなずける気もするが、しからば、オランダ商館に対する銀高三、〇〇〇貫目（金高五万両）はどうなのであろうか、という疑問が湧く。山脇氏の当該研究は、唐船貿易を対象としたものであるので、オランダ商館との貿易については言及していない。ちなみに、オランダ商館への銅の輸出量を見ると、次のようになっている。

貞享元年　二、二八〇、〇〇〇斤（銅一〇〇斤＝銀一一九匁　銀高二、七一三貫二〇〇目）
同　二年　二、一〇〇、〇〇〇斤（銅一〇〇斤＝銀一一九匁　銀高二、四九九貫〇〇〇目）
同　三年　二、〇〇〇、〇〇〇斤（銅一〇〇斤＝銀一一九匁　銀高二、三八〇貫〇〇〇目）
同　四年　一、五〇〇、〇〇〇斤（銅一〇〇斤＝銀一一九匁　銀高一、七八五貫〇〇〇目）

オランダ商館の場合は、銀高三、〇〇〇貫目（金高五万両）の根拠としては、銅の輸出量がいくぶん少ないように感じられる。

ところで、内閣文庫に所蔵されている「唐阿蘭陀商法」の中に「市法十二年の阿蘭陀唐人持渡銀高之事」とする次掲の記事がある。

一銀三万六千五十七貫八十匁程　　阿蘭陀方
右十二年に平均一ヶ年分三千四貫八百弐拾三匁
一銀七万千四百廿四貫五百卅匁程　　唐人方
右十二年平均一ヶ年分五千九百五十二貫四十四匁

この記事によれば、貨物市法期一二年間の「持渡銀高」が、オランダ商館が一ケ年平均銀高三、〇〇四貫八二三匁ほど、唐船が一ケ年平均銀高五、九五二貫〇四四匁程であったというのである。ここに見られる「持渡銀高」の一ケ年平均の数字は、貞享二年（一六八五）に命じられた御定高にきわめて近似している。貞享二年の御定高はおそらくこの貨物市法期の「持渡銀高」を根拠としたものと見て大過ないように思われる。

そこで、この「持渡銀高」が何を意味しているのかが問題となる。「銀高」であるから、当然のこととして銀そのものと見るのが自然ではあるが、しかし、オランダ商館に対しては、寛文八年（一六六八）に禁止されて以来、銀は輸出されていないから、オランダ商館の場合、これは明らかに銀の輸出量を示すものではない。すなわち、何かの輸出量を銀高で表わしたものである。唐船の場合は、寛文十二年に銀輸出が解禁となっているので、ここに見られる「銀高」は銀の輸出量である可能性がある。

以前に、この「銀高」は、日本から物で輸出した額を銀高で表示したものである、とする見解が出されたことがある（箭内健次「長崎貿易仕法変革の意義」〈『九州文化史研究所紀要』五〉）。しかし、この見解は傍証がとれていない。

ところで、「唐阿蘭陀商法」にある当該記事は、「故家所蔵異国商売之旧記一冊如左　即市法也」というタイトルを持ち、全体は第一から第十二に分けて構成されている。その構成を見ると、第一・第二は南蛮船の渡来から寛文期に至る貿易事情の説明と、相対売買になって引き起こされた問題、すなわち、金・銀の海外流失が目立って顕著となり、これを防止しなければならない事情となった点の記載であり、次の第三から第九までは、金・銀の流失防止を目的として行われた貿易改革、すなわち、貨物市法の成立とその方法、商人の組織化および増銀についての記載で、次に問題の前掲の記事が第十に記されており、第十一は間金、第十二は生糸の市場価格調整のための幕府による生糸召上げについての記載となっている。

すなわち、この構成を見ると、はじめに金・銀の国外流失が夥しくなっていた、これを防止しなければならない事情となっているという問題点の指摘となっており、次に、以上の目的のもとに行われた貿易改革、すなわち貨物市法についての説明が続き、そして、問題の前掲の第十の記事となっている。したがって、前掲の記事は、はじめの目的に対して施された方法（貨物市法）がどの程度の効果を表わしたかを示したものと解釈するのが、もっとも自然な解釈となる。すなわち、金・銀の流失が貨物市法の実施によって、どの程度に押さえることができたか、ということについての記載であろうと考えられる。ここに、金・銀以外の輸出品の額を示す理由は薄いように思われる。

以上の理由から、前掲の記事の「持渡銀高」は、唐船については銀かあるいは銀に若干の金を含む輸出量を示すものであり、オランダ商館については銀の輸出がないから、金の輸出量を示したもの、すなわち、金銀貨の輸出量を示したものと見られる。

以上のことがらなどから、貞享の御定高の数的根拠は、貨物市法期における金銀貨の輸出実績が元になって決められた可能性が高いように考えられる。

## 御定高の中における生糸輸入高の規定

貞享二年（一六八五）に規定された唐船銀高六、〇〇〇貫目、オランダ商館金高五万両の御定高につい て、この規定額が三等分されて、生糸類、端物類、薬種・荒物類の輸入額として割りあてられた、とする見解がある。また、唐船の貿易に対してはそうではなく、オランダ商館に対する御定高のうちの三分の一が、生糸類の輸入に割りあてられていたとする見解もある。

この点について検討してみると、

①唐船、オランダ商館ともにその御定高が三等分されて、生糸、端物、薬種類にそれぞれ三分の一ずつ割りあてられた（「長崎記」東北大学付属図書館　狩野文庫本）。

②唐船、オランダ商館ともに、生糸類の輸入額として御定高の三分の一が割りあてられた（「糸割符之覚」〈県立長崎図書館所蔵〉、『長崎初発書』〈『住友史料叢書』〉など）。

③オランダ商館についてのみ御定高の三分の一が、生糸類の輸入額にあてられていた（「長崎略記会釈」・「長崎覚書」〈以上、県立長崎図書館所蔵〉など）。

という内容を持つ史料がある。

これらについて詳細に検討を試みた結果、おおむね次のような結論を得た。すなわち、生糸、端物、薬種・荒物の三口に、御定高を三分の一ずつ均等分けすることは行われていなかった。ただし、唐船、オランダ商館ともに、生糸類の輸入高に限り、御定高の三分の一とせよという規定がなされており、残りの三分の二を端物、薬種、荒物の輸入にあてるようにされていて、端物、薬種、荒物のおのおのを区別して、御定高を分割充当することは行われていない。

また、御定高の三分の一を生糸類の輸入にあてよ、とする規定が御定高制度の成立した貞享二年(一六八五)の当初からあったかについては、オランダ商館に関しては、元禄二年（一六八九）に行われたようである。

唐船に関しては明確ではないが、御定高の成立した翌貞享三年中に、糸割符の分として御定高のうちの二、〇〇〇貫目をあてることが行われていた。しかし、その後における実際の取引きの事例では、生糸の輸入額の割当高は御定高の三分の一となっておらず、およそ五分の一程度の場合が多い。このような貿易取引きの実情から見ると、唐船の場合に生糸の輸入高に関する御定高の三分の一とする規定がなかったようにも思われるのであるが、貞享三年には生糸の輸入高として御定高の三分の一にあたる二、〇〇〇貫目をあてられているところから見ると、おそらくこの規定があったのではなかろうかと推測される。これが後に、貿易取引きの実際においては、運営上の都合により三分の一をぴったり割りあてるのではなく、現実的には長崎奉行の裁量によって、いくぶん下回る額の割当てとなっていたもののように考えられる。

そして、何ゆえに生糸だけの輸入高を別途規定していたのか、というと、それは指摘するまでもなく、糸割符が関係していたからである。すなわち、貨物市法廃止後の長崎貿易の現場では、御定高制度の実施に関して、この定高の限度内でどのような取引きを行うか、ということが、五ケ所商人をはじめとして諸国商人、とくに長崎地下民の最大の関心事となっていたものと推測される。

すなわち、御定高の限度内で、糸割符仲間の輸入分と生糸以外の諸貨物を対象とする諸国商人の輸入分のバランスに関わる問題が発生していたに相違ない。ここに、生糸輸入高の規定を行う必要性があったのである。

貨物市法の廃止、糸割符の再興、御定高制度の実施といった一連の改革に伴い、長崎地下では新制度の下で実施される貿易取引きを通して、いかに多くの利益を獲得するか、という深刻な課題を抱えており、これは長崎地下民の死活に関わる問題であるから、これに大きく関わってくる生糸の輸入高と一般諸貨物の輸入高のバランスがどのようになるか、ということは、長崎地下民の重大な関心事となっていたに相違ない。

このような事情であったから、御定高の中における生糸の輸入高を規定しておかなくてはならなかったのである。

## 割付け仕法

御定高制度の適用は、オランダ商館に関しては、取引きの窓口が一本化していたので、とくに複雑な問題は起きなかった。すなわち、オランダ商館の場合は、当該年の貿易取引きにおいて、要するに合計額が金高五万両を超えない範囲に取引高を押さえ、金高五万両に達したところで当該年の貿易取引きを終了と

**唐船図**（「長崎聞見録」より）

し、持ち渡った貨物が御定高に超過した場合は、バタビアへ積み戻るなり、出島の倉庫に保管して翌年にふたたび売り出すなりすればよいわけであった。

しかし、一船一船を対象とする唐船との貿易は、オランダ商館のようにはいかない事情にあった。すなわち、長崎に入港して来た順に、その唐船の積荷を輸入していくと、ある時点で御定高に達してしまい、その後に入港した唐船は、輸出することがまったく不可能な状況に陥るのである。また、唐船はその出帆地が一様ではなく、その積荷の種類も出帆地によって特色があった。であるから日本側としては、いろいろな品物を手に入れるためには、出帆地の異なる唐船と貿易する必要があった。しかし、唐船は一艘一艘が個別の経営であったから、日本側の都合に合わせて、順序よく各地から渡来するわけではない。このような事情にあったので、御定高制度の運用は、簡単に入港して来た順にこなしていくというわけにはいかなかったのである。

しからば、唐船との場合、御定高制度はどのように運用されたのであろうか。唐船の場合、長崎においては、その年に入港してきた順に一番船、二番船、三番船……と整理し、これにその船の出帆地の名を付して、一番寧波船、二番東京船というようにして取り扱った。

そして、唐船については、長崎入港の順に一艘ずつ貿易取引きをすませていくという方法をとらず、特定の期日までに入港した船を対象として、一年間を春・夏・秋の三期に分け、それぞれ貿易取引きを行わせた。そこで、御定高六、〇〇〇貫目をこの三期に分割して割り付け、さらに、その期に割り付けた御定高をその期の貿易取引き対象とした唐船各一艘へ割り付ける方法をとった。これを割付け仕法（わりつけしほう）と呼んでいる。

## 御定高制度の展開

### 元禄三年春船に対する御定高割付けの実例

元禄三年（一六九〇）の場合、福州からの一番船が正月十四日付けで唐船風説書を長崎奉行所へ提出している。そして、この後、二月二十四日までに二六番普陀山船までが唐船風説書を提出するなど、所定の入港手続きを進めている。そして、三月廿五日付でこのうちの二〇艘に対して、長崎奉行の春期の割付け

商売許可の覚が下っている。すなわち、

①当春船二〇艘に対して、御定高のうちの銀高一、四〇〇貫目を割り付ける。

②銀高一、四〇〇貫目のうちの三〇〇貫目を生糸の輸入に当て、残りの一、一〇〇貫目を反物、薬種、荒物の輸入に当てよ。

③四月十日より取引きを開始し、五月中に帰帆せよ。

④当座銀（現銀）取引きとせよ。

⑤船の修復の見積りを至急行うこと。

という内容の覚である。そして、これと同時に、この割付け銀高一、四〇〇貫目を各唐船一艘にどのように割り付けるかを記した、いわゆる小割りの覚が出されている。この覚の内容は次のとおりである。

①春期の貿易対象とする唐船を、一番船、弐番船、三番船、四番船、五番船、八番船、九番船、十番船、十四番船、十五番船、一六番船、十七番船、十八番船、貿十九番船、二十壱番船、二十二番船、二十三番船、二十四番船、二十五番船、二十六番船の合計二〇艘とする。

②この二〇艘の貨物積高の合計は銀高四、一四五貫五一二匁相当である。これに銀高一、四〇〇貫目分の輸出を許可する。

③唐船各一艘に一五貫目（二〇艘合計銀高三〇〇貫目）を割り付ける。

④二〇艘の唐商人八〇七人に合計銀高八〇貫六九四目二分（廿三番船の唐商人四〇人には一人につき、

銀高五〇目ずつ合計銀高二貫目。残りの一九艘の七六七人〈うち二人死亡〉には、一人につき銀高一〇二匁六分ずつ合計銀高七八貫六九四匁二分）を割り付ける。

⑤二〇艘の唐船修復費として、銀高二四貫六七九匁を割り付ける。

⑥各唐船一艘に対し、積荷高銀高一〇貫目につき銀高二貫三九九匁二分ずつ、合計銀高九九四貫五九〇匁三分を割り付ける。

⑦以上③から⑥の合計が銀高一、三九九貫九六三匁五分（うち銀高三〇〇貫目は輸入生糸高とする）であり、銀高三六匁五分を割付け残額とする。

このような内容の小割りに関する覚が発せられて、春船二〇艘の貿易取引きがこの覚にしたがって開始されることになる。

このようにして、長崎奉行から春船、夏船、秋船に対する御定高の割付けの覚が発せられるが、これを本割付けと称している。ところが、実際の貿易取引きにおいては、この本割付けが一年間を通じてぴったり合計銀高六、〇〇〇貫目分行われるわけではなかった。この割付け残りは、そのまま残されてしまう場合もあるし、事情によっては、小口の追加割付け（追割り）にあてられたり、あるいは唐船からのたっての輸出希望の願いが出された場合など、その理由を長崎奉行が認めた場合には、取引き額を限って、その輸出を認め、それに割りあてる場合（願売という）などもあった。

このように、唐船に対する御定高制度は、本割付けと追売りや願売など小口の取引きに対する割付けを行う形で、銀高六、〇〇〇貫目を超過しない範囲で運用されたのである。

なお、元禄三年（一六九〇）春船の貿易においては、割付けを受けた唐船二〇艘の積荷高（長崎において当該唐船の積荷を日本の価格に評価して額）が合計銀高四、一四五貫五一二匁と評価されており、これに対して銀高一、三九九貫九六三匁五分の割付けであったから、差し引き銀高二、七四五貫五四八匁五分の貨物が超過しており、これは積戻しとなるのである。

## 御定高と割付け高

唐船貿易の場合、御定高制度は割付け仕法によって運営されたが、例年どれほどの額が実際の貿易取引きに割り付けられたのであろうか。この割付けの状況が各年史料的に網羅できるわけではないが、元禄の初期頃の本割付けの状況を見ると次のようである。

| | 〔春船〕 | | 〔夏船〕 | | 〔秋船〕 | | 〔合計〕 | |
|---|---|---|---|---|---|---|---|---|
| 元禄三年 | 二〇艘 | 一、四〇〇貫目 | 三〇艘 | 二、〇〇〇貫目 | (不明) | | (不明) | |
| 同　四年 | 二〇艘 | 一、四〇〇貫目 | 三〇艘 | 二、〇〇〇貫目 | 二〇艘 | 一、九〇〇貫目 | 七〇艘 | 五、三〇〇貫目 |
| 同　五年 | 一八艘 | 一、三〇〇貫目 | 三三艘 | 二、二〇〇貫目 | 二〇艘 | 一、九〇〇貫目 | 七一艘 | 五、四〇〇貫目 |
| 同　六年 | 二〇艘 | 一、四〇〇貫目 | (不明) | | 二〇艘 | 一、八〇〇貫目 | (不明) | |
| 同　七年 | 二〇艘 | 一、四〇〇貫目 | 三〇艘 | 二、〇〇〇貫目 | 二〇艘 | 一、九〇〇貫目 | 七〇艘 | 五、三〇〇貫目 |

以上のように、春船には二〇艘に銀高一、四〇〇貫目、夏船には三〇艘に銀高二、〇〇〇貫目、秋船には二〇艘に銀高一、九〇〇〇貫目、年間七〇艘に合計銀高五、三〇〇貫目というのが唐船に対する本割付けの標準であったようである。そして、本割付けの合計は、御定銀高六、〇〇〇貫目を銀高七〇〇貫目ほども下回る程度に押さえられており、現実にはこのほかに追売りや願売によっていくぶんの追加割付けが行われるが、毎年、割付け残りが出る状況であった。なお、船数については、元禄元年（一六八八）に年間七〇艘までとする規定がなされており、これが春船に二〇艘、夏船に三〇艘、秋船に二〇艘と割り振るのが標準とされていたようである。唐船数の制限規制がなされていなかったときの事例を見ると、たとえば、貞享四年（一六八七）の場合は、春船三七艘に銀高一、五〇〇貫目、夏船五六艘に銀高二、三〇〇貫目、秋船四四艘に銀高一、五九〇貫目、合計一三七艘に銀高五、三九〇貫目が割り付けられている。

当然のこととして、渡来唐船の積荷が、この割付け高の範囲ですべて輸入できたわけではなく、御定高に超過した多量の貨物が積戻しとされていたのである。

## 唐船の積荷高と御定高の割付け高

御定高制度は割付仕法によって運営されたが、長崎入港の唐船の積荷高とそれに対する割付け高の関係を見ると、これも網羅的に明らかになるわけではないが、若干の知られるところを示すと次のようである。

〔船　数〕　〔積　荷　高〕　〔割付け高〕　〔御定高超過額〕

貞享四年　春船三七艘　銀高五、四〇〇貫目余　銀高一、五〇〇貫目　銀高三、九〇〇貫目余
　　　　　夏船五六艘　銀高六、一八二貫六八四匁　銀高二、三〇〇貫目　銀高三、八八二貫六八四匁
　　　　　秋船二二艘　銀高三、三五九貫八九五匁　銀高一、九〇〇貫目　銀高一、四五九貫八九五匁
元禄三年　春船二〇艘　銀高四、一四五貫五一二匁　銀高一、四〇〇貫目　銀高二、七四五貫五一二匁
　　　　　夏船三〇艘　銀高六、三四一貫四六五匁　銀高二、〇〇〇貫目　銀高四、三四一貫四六五匁
同　四年　秋船二〇艘　銀高六、一一五貫九九〇目　銀高一、九〇〇貫目　銀高四、二一五貫九九〇目

すなわち、唐船が長崎に入港すると、長崎奉行所の役人によって船中改めが行われ、積荷目録が作成されて、積荷は陸揚げされ、所定の唐人蔵に収められる。そして、当該唐船の積荷が日本の価格にしていくらになるのかが評価される。この評価額を出したうえで、唐船に対する割付け高が決められるのであるが、右に示したように、割付け高は唐船の積荷高（日本価格評価額）をはるかに下回る額となっている。右に示した〔御定高超過額〕の貨物がすべて積戻しとなるわけではなく、追割りや願売が後で若干許可されることがあるので、実際に積戻しとなるのはこれよりも少ない額となる。しかし、割付け高の二倍前後の積戻し貨物が発生している計算となる。

唐船の場合は、中国や東南アジアのどこかの地で貨物を仕入れて、長崎に渡来するのであるが、その積荷は長崎に入港して後、日本側が具体的に評価を下すまで、どれほどの日本価格になるのか明確にはわからないわけである。経験によって、ある程度の見当がつきそうな気もするが、日本国内市場における各品

物の価格変動があるから、長崎に着いて日本側の評価を受けてみないと、明確な価格が掴めない状況であったものと思われる。そして、唐船側からすれば、せっかく長崎まで貿易に行くのであるから、可能な限り一船に積めるだけ積み込んでくる、という状況もあったのであろう。とにかく、御定高制度の採用によって、唐船の積戻し貨物が多量に発生することになる。

## 御定高制度の採用と抜荷の発生

御定高制度の採用によって、唐船の積戻し荷が多量に発生することになる。ここで問題化してきたのが、密貿易の多発ということである。

すなわち、唐船が御定高に超過した貨物をそのまま積み帰れば問題はなかったのであるが、せっかく長崎に持ち渡った貨物の大半をそのまま積み帰ったのでは、唐船としては商売にならないわけである。そこで、何とか日本で売り捌く対策をたてることになる。願売という手段を使って、いろいろと理由を並べ立てて、取引き額の増加を懇願するのも一つの方法ではあったが、長崎奉行はけっして御定高を超過する割付けを行うことがなかったから、正規での取引き額の増加はまずは見込みのないことであった。したがって、闇で売り捌くことになる。

この密貿易は、御定高制度の採用後間もない頃から、抜け荷（ぬけに・ぬきに）と称されるようになり、長崎の市内で小規模に行われる場合もあったが、あらかじめ日本側の商人と話をつけておき、長崎港をいくぶん離れてから、夜陰に紛れて洋上で行われるようになる。これは、御定高制度にとっては、もっとも厄介な現象である。すなわち、密貿易ではほとんどが日本商人からは銀で支払われたので、いくら長崎で御定高制度を駆使して銀の外国への流失を食い止めることに成功したとしても、この結果として密貿易が多発したのでは、本来の意義がなくなってしまうわけである。

そこで、長崎奉行所では密貿易の取締りを厳重に行うようになる。厳重な取締りは、長崎市内での密貿易防止にはいくぶんの効果があったが、長崎港を離れた洋上での密貿易については、長崎奉行所でも手の施しようがない、というのが実情であったらしい。

そこで、幕府側ではこれに対処して、積戻し荷の減少化を期して、元禄元年（一六八八）に一年間に取引きする唐船数の制限を行い、唐船の長崎来航にブレーキをかけようと試みている。しかし、これはほとんど効果がなかった。すなわち、唐船は一艘一艘が別人の経営によるものであるから、渡来数をコントロールする組織を持っていないのである。したがって、渡来数がなかなか減少しない、という現実が続くことになる。

いま一つの幕府の打った対策は、日本人と唐人の接触を絶ち、密貿易を行いにくい環境をつくったことである。すなわち、元禄元年に、幕府は長崎の十善寺村にあった薬園の地を利用して、いわゆる唐人屋敷を設け、長崎に渡来した唐人は、貿易取引き終了まで、すべてこの屋敷に宿泊させて、日本人と接触させない方策を立てた。これまでは、渡来した唐人は、長崎市内に宿泊して貿易取引きを行っていたのであるが、この唐人屋敷の設置によって、以後は唐人の長崎市中泊が禁止になった。しかし、これも長崎市内における小規模の密貿易の防止には役立ったが、洋上における密貿易にはあまり効果的ではなかったようである。

## 御定高の実施状況

御定高制度の実施面に関して、この制度が実際の貿易取引きにおいて、はたして規定どおりに行われたのであろうか、という疑問があった。昭和二十八年（一九五三）に岩生成一氏は「近世日支貿易に関する数量的考察」（「史学雑誌」六二―一一）を発表されたが、その中で第5表のような貞享二年（一六八五）から元禄十二年（一六九九）に至る各年の唐船の「輸入額」が示されている。貞享三年だけは日本側の史料（『華夷変態』）を根拠にする数値で、これを除いてはすべてオランダ商館側の資料に基づいた数値である。これを見ると貞享二年の「五、九六九貫七五四匁八（?）」という数値を除くと、各年ことごとく御定高六、〇〇〇貫目を超過する数値が示されている。最少額が元禄八年の「七、五〇七貫三五〇目」で、最多額は元禄十一年の「二八、〇〇〇貫目」となっている。元禄十一年は、御定高六、〇〇〇貫目のほかに、銅代物替銀高五、〇〇〇貫目（うち唐船割付け額は銀高四、五〇〇貫目）、追御定高（俵物諸色替）銀高二、〇〇〇貫目、金線代物替銀高三〇〇貫目が許可されているので、これらを含めると、合計銀高一二、八〇〇貫目の唐船との貿易が可能な状況であった。しかし、この条件下であるにしても「二八、〇〇

## 第5表　長崎来航支那船年輸入額総計表

| 年次＼事項 | 隻数 | 積戻船数 | 輸入額 | 典拠 | 蘭船輸入額 |
|---|---|---|---|---|---|
| | | | 貫　匁 | | 貫　匁 |
| 貞享2年(1685) | 73 | 12 | 17,620.899.4 | C.MS.J.1685. X ,16 | 3,497.500.5 |
| 3年(1686) | 84 | 18 | 5,969.754.8(?) | 華夷変態，2ノ上 | 1,647.792. |
| 4年(1687) | 115 | 22 | 13,370.959.0 | O.G.MS.1687.XII. 23. | 1,015.187. |
| 元禄元年(1688) | 131 | 68 | 18,994.240.0 | O.G.MS.1688.XII.27, | 1,645.722. |
| | | | | C.MS.J.1688. X .12. | |
| 2年(1689) | 70 | 9 | 18,710.119.0 | O.G.MS.1689.XII.30, | 1,393.343. |
| | | | | C.MS.J.1689. X .30. | |
| 3年(1690) | 70 | 20 | 16,702.360.0 | Dam.504 | 1,634.261. |
| 4年(1691) | 70 | 20 | 12,002.330.0 | Dam.511 | 1,584.924. |
| 5年(1692) | 70 | 3 | 10,138.000.0 | Dam.513-4 | 1,750.849. |
| 6年(1693) | 70 | 11 | 10,400.000.0 | Dam.519-20 | 1,957.533.8 |
| 7年(1694) | 70 | 3 | 8,467.600.0 | Dam.523 | 1,283.502.5 |
| 8年(1695) | 60 | 1 | 7,507.350.0 | Dam.527 | 1,989.136.6 |
| 9年(1696) | 70 | 11 | 12,250.000.0 | Dam.530 | 1,351.923.5 |
| 10年(1697) | 70 | 33 | 10,200.000.0 | Dam.537 | 2,546.404. |
| 11年(1698) | 59 | 1 | 28,000.000.0 | Dam.544 | 2,228.447.5 |
| 12年(1699) | 69 | 4 | 20,678.260.0 | Dam.548 | 2,261.690.4 |
| 13年(1700) | 30 | (?) | 10,475.756.0 | Dam.549 | 3,000.375.4 |

註：岩生成一「近世日支貿易に関する数量的考察」による。
C.MS.J.はCopie Missive van het opperhoofd urt Japan
O.G.MS.はOriginael Generael Missive van de Gouvermeur Generael enede Raden van Indie
Dam.はPieter vam Damによる「東印度会社誌」

〇貫目」というのは、あまりにもかけ離れた数値である。代物替による御定高外の貿易が開始されるのは元禄八年からであり、この以前においては、唐船貿易では御定高以外の大口の貿易は許可されていないが、岩生氏によれば元禄元年・二年には銀高一八、〇〇〇貫目を超過する数値が示されており、最少額は元禄七年の「八、四六七貫六〇〇目」で、このほかの年では、すべて銀高一万貫目を超過する数値が示されている。このことによって、成立期の御定高制度は唐船貿易の実際においては、まったく守られていなかった、と判断されがちであった。

しかし、この点について、山脇悌二郎氏は昭和三十九年（一九六四）にその著『長崎の唐人貿易』において、元禄六年（一六九三）度の唐船貿易の決算を紹介され、御定高制度が唐船貿易においても厳守されていたことを主張された。すなわち、『唐通事会所日録』に元禄六年の唐船貿易の決算が記されている。次のようである。

この決算によれば、元禄六年には八一艘の唐船が長崎に渡来した。唐船との取引き船数は年間七〇艘とする規定があるので、このとおりに七〇艘に対して、御定高として銀高五、九一七貫五三八匁九七五（金高九八、六二五両二分銀八匁九七五）を割り付けた。超過した一一艘は積戻し船とし、船舶の修理料および雑用高として、銀高三三貫〇二七匁九（金高五五〇両一分銀一二匁九）の商売をさせた。この合計が銀高五、九五〇貫五六六匁八七五（金高九九、一七六両銀六匁八七五）であった。そして、銀高四九、四三三匁一二五が御定高六、〇〇〇貫目の割残し残高となった。

さらに、この輸出内容は、銅などの品物（諸色買物）が銀高四、三四〇貫七〇四匁四一（金高七二、三四五両銀四匁四一）、渡来唐人の長崎滞在諸経費（遣捨）が銀高一、五四四貫六二八匁一二五（金高二五、七四三両三分銀三匁一二五）、銀（丁銀・銀道具）が銀高六五貫二三四匁三四（金高一、〇八七両銀一四匁三四）であり（銀の内訳は、丁銀が二貫五三七匁一分、銀道具が六二貫六九七匁二四）、合計銀高五、九五〇貫五六六匁八七五（金高九九、一七六両銀六匁八七五）であって、そして、銀高四九、四三三匁一二五（八二三両三分銀八匁一二五）が御定高六、〇〇〇貫目の割残し残高となった。

『唐通事会所日録』による元禄六年（一六九三）の唐船貿易の決算は、右記のようであって、御定高制度は厳守されている。ところで岩生氏の示された元禄六年の唐船貿易は、渡来船数八一艘、割付け商売船数七〇艘、積戻し船数一一艘、「輸入額」一〇、四〇〇貫目となっている。船数は『唐通事会所日録』と一致しているが、「輸入額」においては、銀高で四、〇〇〇貫目以上の差額が出ている。そこでこの差額の意味するところは何か、ということになるが、結論的には、岩生氏の示されたオランダ商館側の資料に基づく数値は、唐船が長崎に持ち渡り、日本側の評価を受けた貨物の総額であって、御定高制度による実際に輸入された額ではない、というように判断される。つまり積戻し額を含む額と思われる。これは、元禄六年の場合に限ったことではなく、各年そのような性格の数値のように判断される。

また、御定高制度の実施状況について、銀や銅の主要な輸出品の輸出状況を検討した結果からは、御定高制度は厳守されていたと判断でき、岩生氏の示された額に匹敵する輸出が行われた形跡をまったく伺うことができない。御定高制度は厳守されていたと見て大過はない。

### 御定高外貿易の設定

御定高制度の実施に伴って、抜荷の多発という困った事態が発生したが、一方においては、御定高制度の実施によって、生糸や絹織物をはじめとする品々の輸入量が減少するという事態が起こり、市場において輸入品の価格騰貴が起こった。幕府は、御触れを発して、この価格騰貴を押さえようとしたが、しかし、市場においては、いわゆる元禄の貨幣経済の一つのピークを迎えており、事態は容易におさまるわけもなく、輸入増加を望む声が高かったのである。

貿易統制面においては、貨物市法よりも御定高制度の適用は、金銀の海外流失についての抑止力が強く、この点の効果はかなりあがっていた。しかし、以上のような御定高制度の採用による抜荷の多発、輸入貨の品不足と価格騰貴という、困った現象が一方では発生しており、市場ではとにかく輸入量の増加が期待されていた実情であった。

このような状況において、貿易に関わるいくぶん明るい出来事があった。それは大坂の銅屋泉屋（住友）が四国の別子銅山を掘り当て、元禄四年（一六九一）より産銅を開始したことである。元禄四年には三二万斤余、同五年に五九万九千斤余、同六年に八一万八千斤余、同七年に九二万三千斤余、そして翌同八年には一〇九万五千斤余と、ついに一〇〇万斤の大台に載る産銅を示した。

このような事態を迎えて、さっそく行動を起こした商人がいた。すなわち、御定高制度の採用によって輸入量が減少し、輸入品の価格騰貴が起こっている、また、多くの積戻し荷の発生により、この貨物が一度持ち帰られて、ふたたび長崎に持ち渡られるので、輸入品の質が低下している、また、抜荷が多発しているが、銅を対価として輸入の増加を図れば、金銀の海外流失を抑えて、これらの困った現象を打開することが可能であることを指摘して、京都の茶屋休嘉が、元禄七年（一六九四）十月に、二〇〇万斤分の銅輸出による輸入の許可を求めた。そして、この輸入による利益の半額を長崎地下に与えたい、という条件をも添えていた。まさに時機を得た発案であった。しかし、この茶屋の出願には許可が下らなかった。聞き入れられなかった事情は詳細ではないが、おそらく同様の動きが別に起こっていたらしく、そちらのパワーが茶屋を勝った結果であろう。

すなわち、江戸佐久間町の材木商伏見屋四郎兵衛が、やはり銅を対価とする貿易―銅代物替―による輸入増加についての許可を運動していた。

伏見屋による銅代物替の出願がいつ開始されたのか明白でないところがあるが、元禄七年からはじめられていたことを記した資料もある（『通航一覧』）。しかし、元禄八年八月付けの伏見屋の願書があり（『長崎唐蘭船交易覚書』）、元禄八年八月段階ではまだ出願中であるので、あるいは茶屋休嘉の出願にヒントを得て後に、伏見屋がまねて運動を開始したのかもしれない。

ところで、現実には、元禄八年（一六九五）八月二十九日付けの覚で、伏見屋に銅代物替の許可が下っている。すなわち、御定高貿易の終了後に、銀高一、〇〇〇貫目分の銅だけを対価とする輸入を許可する、運上金一、五〇〇両の上納を条件とする、という内容である。願書では銀高五、〇〇〇貫目の要求であったが、この五分の一の額の許可であった。運上金については、出願時の条件どおりの率となっている。また、願書ではオランダ商館からの輸入による利益の五歩、唐船からの輸入による利益の一割を長崎地下へ与えることを条件に加えているが、許可の覚にはこの点については現れていない。ただし、銅代物替終了後にその利益の一部が長崎地下に与えられているので、覚には現れていないが、これは出願の条件どおりであったものと判断される。

茶屋の出願が入れられず、伏見屋に許可が下った事情は、出願内容の相違に加えて人脈による影響が大きかったものと見られる。すなわち、輸入規模においては、茶屋は銅二〇〇万斤分、銀高にして約一、九〇〇貫目（銅一〇〇斤＝銀九五匁）を出願したのに対して、伏見屋は銀高五、〇〇〇貫目の出願であった。この輸入による利益については、茶屋は長崎地下へ利益の半分の配分を謳っているが、これに対して、伏見屋はオランダ商館からの輸入による利益の五歩、唐船からの輸入による利益の一割を長崎地下へ与えることを条件としている。さらに茶屋の出願には幕府への運上金についてはとくに見えてないが、伏見屋の場合には銀高一、〇〇〇貫目につき金一、五〇〇両の運上金を上納するとしている。長崎地下への利益配分については、茶屋の条件の方が勝っているが、全体的には、伏見屋の出願内容がかなり有利であったものと見られる。

そして、決定的であったのは、茶屋の人脈については明らかでないが、伏見屋は時の権勢を誇った五代将軍綱吉の側用人柳沢吉保と繋がっていたことである（永積洋子「柳沢吉保と伏見屋の代物替」〈『日本歴史』四三四〉）。元禄八年（一六九五）の銅代物替は、御定高制度の実施に伴って起こった市場における輸入額の増額の要求と産銅事情の好転を背景として、柳沢と伏見屋の結びつきによって成立したと見てよい。

さらに、この時期には幕府財政の再建が本格的に企図され、各方面に財源が求められていたので、運上金の上納の条件がきわめて有効に作用したものと見られる。

なお、銅代物替は、「どうしろものがえ」あるいは「どうかわりものがえ」と読む。

長崎貿易において、特定の品物を輸出品として行う貿易を「代物替」と呼んでいる。この表記の仕方は、史料に「代物替」のほかに「代ロ物替」と「代リ物替」とするものが出てくる。「代物替」は「だいぶつがえ」とか「だいもつがえ」などと読みたくなるが、「代ロ物替」、「代リ物替」という形で現れるので、「しろものがえ」、「かわりものがえ」と読む方がふさわしい。したがって、「銅代物替」は「どうしろものがえ」あるいは「どうかわりものがえ」と読むのがふさわしい。いうまでもなく、輸入の対価を銅に限定した貿易のことである。

銅代物替の他に、元禄十二年に許可された「金線代物替」というのもある。単に「金線替」ともいわれる。「金線（きんせん）」は細工用に拵えた細い線状の金のことである。また、同十一年から許可された

「俵物諸色替（たわらものしょしきがえ）」というのがある。これについては「俵物諸色代物替」という表記は管見では史料上で確認していない。「俵物」は史料上で仮名書きの事例を見ていないが、従来「たわらもの」あるいは「ひょうもつ」と読まれている。これは「俵物三品」といわれ、干鮑（ほしあわび）、鱶鰭（ふかのひれ）、煎海鼠（いりこ=ナマコを茹でて乾燥させたもの）を指し、中華料理の材料となる。俵に入れて荷造りしたのでこの称がある。「諸色」は文字どおりいろいろな品物であり、昆布・鯣・鶏冠草・所天草・鰹節等の海産物から小間物道具類などさまざまである。

## 元禄八年の銅代物替貿易

元禄八年（一六九五）八月二十九日付けの覚で、伏見屋四郎兵衛に対して銀高一、〇〇〇貫目の銅代物替の許可が下ったが、これが長崎現地に知らされたのは同十月九日のことである。この年の唐船貿易に対して秋船の内の二一艘に銀高一、六〇〇貫目の割付商売の許可が下りたのは十月一日のことで、十一月五日までに取引きを終えて帰帆することが命ぜられている。そして、十月二十日に御定高口最後の入札が行われている。

銅代物替の方は、唐船貿易についてはこの二一艘の御定高超過貨物銀高一〇、五一〇貫七七五匁を対象に銀高六六六貫六七〇目が割り付けられた。十月二十二日から、唐人屋敷内の札場で、奉行所からの検使および町年寄・常行司・札宿老らの立合いのもとに、伏見屋四郎兵衛と唐人との間で輸入品の値組が開始され、十一月五日にすべての輸入価格を決定している。なお、オランダ商館へは銀高三三三貫三三〇目が割り付けられ、同十一月三日に値組を終了している。

そして、唐船との銅代物替においては、やはり本来は積戻しになる貨物を対象とした取引きであったからか、あるいは伏見屋四郎兵衛の性格によるものかわからないが、輸入価格は御定高口よりも銅代物替のほうがかなり安値となったようである。それで、唐人側はこれを取り戻すべく御定高口で輸出した銅価格より、銅代物替口の銅価格を下げる要求を行ってきた。このことで、唐人と伏見屋の間で話がつかなくなり、唐通事の仲裁で双方の主張する価格の中間をとって、銅一〇〇斤を銀九五匁の価格で輸出することに決まり、銀高六六六貫六七〇目分として銅七〇一、七五七斤八九余を輸出している。

なお、オランダ商館へは銅一〇〇斤を銀一〇八匁の価格で、銀高三三三貫三三〇目分として銅三〇八、六三八斤八九余を輸出している。

この輸入による利益は、合計で約銀高六〇〇貫目（唐船方銀高五七六貫一三八匁七四余、オランダ商館方銀高一八貫六六九匁四五余）となっている。このうちより諸経費銀高五〇貫目を除いて、長崎地下へ銀高八五貫目が渡され、さらに幕府へ運上金銀高九〇貫目が上納されて、この残額の銀高三七五貫目が伏見屋の取り分となっている。

## 元禄九年の銅代物替貿易

元禄八年(一六九五)の銀高一、〇〇〇貫目分の銅代物替貿易では、約銀六〇〇貫目の利益が出ており、このうちの銀三七五貫目（小判一両＝銀六〇目の両替で金高六、二五〇両）が伏見屋四郎兵衛の取り分となっており、長崎地下に与えられた額は、伏見屋の取り分の四分の一にも満たない銀八五貫目でしかなかった。そこで長崎は、ぜひこの銅代物替を長崎の事業として請け負うことを策動した。しかし、元禄九年度には、ふたたび伏見屋に許可が下り、今度は銀高五、〇〇〇貫目というきわめて高額の許可となっている。条件は、幕府への運上金を一万両とすること、利益の三分の一を長崎地下へ与えることとされている。長崎としては、独自の請負いとはならなかったが、高利益を得ることが期待できる状況となっている。

元禄八年の銅代物替は、唐船、オランダ商館ともに同年の貿易取引きをすべて終了した後に、唐船については、秋船の御定高割付け商売の残荷を対象として行われたが、元禄九年の銅代物替は、春船の貿易から行われている。すなわち、『長崎虫眼鏡』・『唐通事会所日録』等によれば、同年の御定高の割付け商売および銅代物替割付け高は、次のようである。

| | | | | | | |
|---|---|---|---|---|---|---|
| 春船 | 二〇艘 | 割付け商売 | 銀高 | 一、四三八貫七〇〇目 | 銅代物替 | 銀高 一、〇〇〇貫目 |
| 夏船 | 二〇艘 | 割付け商売 | 銀高 | 一、三五〇貫目 | 銅代物替 | 銀高 一、一〇〇貫目 |
| 同 | 一〇艘 | 割付け商売 | 銀高 | 八〇〇貫目 | 銅代物替 | 銀高 四二〇貫目 |
| 同 | | 追売 | 銀高 | | 銅代物替 | 銀高 四八〇貫目 |

秋船　二〇艘　割付け仕法　銀高　一、四五〇貫目　　銅代物替　銀高　一、四〇〇貫目
同　　追売　　銀高　　　　　　　　　　　　　　　銅代物替　銀高　　　一〇〇貫目
　　（唐船合計　　　　　　　　　　　　　　　　　銅代物替　銀高　四、五〇〇貫目
オランダ商館　　　　　　　　　　　　　　　　　　銅代物替　銀高　　　五〇〇貫目
　　　　　　　　　　　　　　　　　　　　　　（銅代物替合計　銀高　五、〇〇〇貫目）

以上のように、春・夏・秋とそれぞれの割付け商売と同時に銅代物替の取引き分が割り付けられて行う形がとられている。そして、唐船に銀高四、五〇〇貫目、オランダ商館に銀高五〇〇貫目が割り振られている。唐船に圧倒的に多額が割り振られているのは、御定高に超過した積戻し荷をできるだけ銅代物替で買い取って、唐船の実質的な積戻し荷を減少させようとする意図が働いていたからであろう。

そして、右記の割付けによる銅代物替の利益は、およそ次のようになっている。

利銀合計　銀高　二、七三〇貫四三〇目三三
　内訳
銀　　六〇〇貫目（金高一万両）　　運上銀
銀　　四〇貫五三七匁九二　　　　　銅代物替会所入用
　右合計　銀　二、〇八九貫八九二匁四一
銀　　六九六貫六三〇目八五　　　　長崎地下取分

銀　一、三九三貫二六一匁六六　　　伏見屋四郎兵衛取分

すなわち、銀高五、〇〇〇貫目による利益は、合計で銀高二、七三〇貫四三〇目三三であり、このうちから銀六〇〇貫目（金高一万両）が幕府へ運上として納められている。これは、許可の条件どおり実行されたものである。次に、銅代物替会所入用として銀高四〇貫五三七匁九二が使用されている。これは、銅代物替を行ったときに使用された諸費用のことである。銅代物替会所が元禄九年に設置されていたかどうかは明白でないが（翌同十年にはその存在が確認される）、銅代物替実施に経費が必要であったことは疑いがない。この二口の合計を利銀合計から差し引くと、その残高が銀高二、〇八九貫八九二匁四一となっており、この三分の一に相当する銀高六九六貫六三〇目八五が許可の条件どおり長崎地下の取り分とされ、残余の銀高一、三九三貫二六一匁六六が伏見屋四郎兵衛の取り分となっている。

## 俵物諸色替・金線代物替

元禄八年（一六九五）、翌同九年と続けて江戸の商人伏見屋四郎兵衛に銅代物替貿易が許可され、御定高貿易のほかに銅だけを対価とする銀高一、〇〇〇貫目、銀高五、〇〇〇貫目の貿易が行われたが、翌同十年には、銀高五、〇〇〇貫目の銅代物替が今度は長崎市に許可されている。条件は、元禄九年の例から銀高五、〇〇〇貫目の銅代物替の利益を金四五、〇〇〇両と見積もり、これより金一万両を長崎市の取分として、残りを運上金として幕府に上納することである。

この銀高五、〇〇〇貫目は、唐船へ四、二〇〇貫目、オランダ商館に銀高八〇〇貫目が割り振られた。そして、この貿易によって、合計二、〇九九貫二四九匁余（金高四九、九八七両余）の利益が出ており、このうちから銀高六〇〇貫目（金高一万両）が長崎市の取り分とされ、残余は幕府へ運上金として上納されたようである。すなわち、この銀高五、〇〇〇貫目の取引きに関わる諸経費の処理が史料的に不明であり、諸経費を含めて合計銀高二、〇九九貫二四九匁余（金高三四、九八七両余）の利益が出たのか、諸経費を差し引いて合計銀高二、〇九九貫二四九匁余の利益が出たのかが明白でない。前者であれば、利益合計銀高二、〇九九貫二四九匁余から長崎に与えられた銀高六〇〇貫目を差し引いた残額銀高一、四九九貫二四九匁余から諸経費を差し引いた残額が幕府への運上金となるし、後者であれば、長崎に与えられた銀高六〇〇貫目を差し引いた残額銀高一、四九九貫二四九匁余（金二四、九八七両余）が運上金となる勘定である。

ところで、幕府は元禄十年（一六九七）八月付けの長崎奉行宛老中奉書で長崎貿易の大改革を命じている。この改革は長崎貿易に対する幕府の基本に関わるもので、多岐に及んでいるが、この中で銅代物替銀高五、〇〇〇貫目を制度化して、毎年長崎市の請負い事業として行わせることにしている。そして、ほかにも積極的に代物替貿易を許可する用意のあることが明らかにされている。

これを受けて長崎市では、さっそく俵物諸色替を申請している。すなわち、銅代物替の場合には、輸入の対価を銅のみとするのであるが、俵物諸色替は俵物（鱶鰭・干鮑・煎海鼠）と諸色（いろいろな物、おもに昆布・鯣・鶏冠草・所天草・鰹節などの海産物や小間物・道具類）を対価とする貿易のことである。長崎市はこれに対して銀高二、〇〇〇貫目の許可を得ている。条件は、金二万両の運上金の上納で、銀高二、〇〇〇貫目分として、唐船の年間制限数を一〇艘増加させることが処置された。そのようなこともあって、この銀高二、〇〇〇貫目の俵物諸色替は追御定高（おいおさだめだか・おってのおさだめだか）と称される。そして、これは制度として許可されたもので、翌元禄十一年（一六九八）からの実施となる。

さらに、代物替の一つとして、金線代物替が許可されている。金線は細工用に金を線状に拵えたもののようであるが、これを対価として、銀高一〇〇貫目の取引きにつき、金三〇〇両の運上金の上納を条件に、金線屋仲間に対して銀高三〇〇貫目分が、翌元禄十一年の貿易として許可されている。

銅代物替、俵物諸色替（追御定高）、金線代物替などを総称して代物替というが、この貿易は御定高の外に設定されたもので、輸入の対価として貨幣以外の物をあてるものであり、さらに幕府への運上金の上納を条件として付加されているのが特徴である。目的とするところは、金銀貨幣以外の物で、御定高に超過した唐船・オランダ商館の貨物を買い取り、密貿易を防止して、また、輸入量を増加させることによって、輸入品の国内市場における値上がりの防止を企図し、さらに、運上金の付加によって幕府財政立直しにいくぶんたりとも役立てようとしたものであった。

# 第四章　長崎貿易の幕府直営化

## 長崎会所貿易の成立

### 長崎会所とは

長崎会所というのは、長崎地下および唐船・オランダ商館との貿易に関わる一切の金銭上の勘定と貿易取引きに関する諸業務を行う機関で、元禄十年（一六九七）の貿易改革により、長崎本興善町に設けられ、翌同十一年から活動を開始し、幕末まで存続した機関である。

すなわち、長崎会所はよく貿易業務だけを行う役所と間違われがちであるが、貿易業務専門の役所ではない。たとえば、元禄十一年に長崎に大火があったが、このときに復興資金として、銀一二九貫〇七八匁を幕府から拝借している。これは一〇年賦で拝借したものであるが、この返済は長崎会所で処理されているし、また、元禄十年に、幕府はその財源の一つとして酒運上を設けているが、これも長崎の分は長崎会所の会計に繰り込まれて勘定されている。要するに、長崎に関わる一切の金銭勘定が長崎会所で取り扱われるわけで、一年の長崎に関する決算が、長崎会所を通して、幕府に報告されたのである。

慶長九年（一六〇四）に糸割符仕法がはじめられたが、その設立年は明確でないが、糸割符の業務を行う役所として糸割符会所が設けられた。五ケ所糸割符仲間が成立して後は、これが五ケ所糸割符会所となり、糸割符の業務を行ったが、貨物市法の時期にはこの業務を行う役所に取り立てられて、貨物市法会所とされた。貞享二年（一六八五）からの糸割符復興に際して、貨物市法会所はふたたび五ケ所糸割符会所として機能することになったが、元禄十年（一六九七）の貿易改革によって、これが長崎会所に取り立てられたものである。

設置まもない頃の長崎会所の規模は、蔵四軒、長屋一軒および勘定場、出島方勘定場、筆者部屋、小使部屋、銀場などを有し、総坪数四〇九坪五合であった（「長崎旧記」〈県立長崎図書館 古賀文庫本〉）。また、人的構成員は、会所出島方請払、会所請払、会所請払年番、会所小間物道具請払、会所俵物請払、会所下役などが置かれていた。

## 元禄十年の長崎貿易改革

幕府は、「元禄十丑年八月」付けの長崎奉行宛の老中奉書で、長崎貿易の大改革を行い、その結果として長崎会所が設けられることになるが、この改革はおおむね次のようである。

① 生糸を除く一般の輸入は、従来行われてきた相対売買を取り止め、目利に輸入価格をつけさせ、この

価格で外国商人側へ貨物の売却を交渉し、承諾すれば一括輸入する方法に改め、国内の輸入商人へは入札法によって売却する方法に改める。

②前記①によって発生する利益銀は、長崎奉行の監督下で長崎町年寄が請払い・保管にあたり、これより長崎の諸役人へ役料を支払い、また、地下民に「公儀御救」として与え、その残額を江戸へ報告する。

③銀高五、〇〇〇貫目の銅代物替を制度化し、事情に応じて、ほかにも代物替を許可する。

④糸割符を改革し、割符筋目の者と御納戸呉服師に割符をとらせ、その他への割符を廃止する。

⑤御用達の職人等へ、必要とする輸入品を原価で買い取らせる。

⑥運上金の上納を条件に、長崎廻銅の請負いを願う者があるので、これを許可する。

主要な改革点は以上の事柄であるが、①・②は、長崎会所の設置に懸かる改革であり、要点は、従来の相対売買を取り止めて貨物市法による輸入方法、国内輸入商人への売却方法をとり、さらにこれによって発生する利益は幕府が管理することを打ち出したものである。

③については前項の「俵物諸色替・金線代物替」に記したように、銀高五、〇〇〇貫目の銅代物替のほかに、俵物諸色替（追御定高）銀高二、〇〇〇貫目と金線代物替銀高三〇〇貫目などが、幕府への運上金の上納を条件に許可されている。御定高制度によって発生した弊害と幕府財源の獲得より出た対策である。

④については、前の「元禄十年の糸割符改革」に記したように、題糸配分を廃止して現糸配分に改め、

五ケ所糸割符仲間へは、江戸・京都・堺へは各一〇〇丸、大坂へは五〇丸、長崎へは一五〇丸の配分とし、分国配分はすべて廃止して、呉服師仲間へは七〇〇丸の配分、ほかに幕府御用糸三〇〇丸を新設した。そして、この合計現糸一、五〇〇丸に超過した生糸は長崎会所や銅代物替会所を通して、一般の貨物と同様に扱うことにされた。糸割符に関する改革の特徴としては、呉服師仲間の優遇と幕府の取分の新設が指摘される。

⑤については、御用達菓子屋の主水と織江に、御定高口で銀高六〇〇両分の砂糖を輸入原価で買わせること、錫・鉛は神田屋孫八と丁子屋未休へ一手に買わせること、輸入漢籍の三分の一を唐本屋善五郎に買わせることを命じたものである。幕府関係の商人の保護優遇策である。

⑥は、輸出銅に関する事柄である。すなわち、幕府は、元禄十年（一六九七）に輸出の骨格として、銅を中心においた対策をたて、以後、一年間に唐船へは六、四〇二、〇〇〇斤、オランダ商館へは二、五〇〇、〇〇〇斤、合計八、九〇二、〇〇〇斤の銅の輸出計画をたてた。この額は、銀高にしておおむね御定高の銀高九、〇〇〇貫目に匹敵するものである。

江戸時代の初期から、銅は金銀に次ぐ輸出品として重要な位置を占めていたが、金銀の輸出抑制の展開に伴って最重要輸出品となる。この銅の輸出は、延宝六年（一六七八）以来、大坂の銅吹屋泉屋吉左衛門・大坂屋久左衛門らをはじめとする一六名の銅屋仲間の独占事業とされてきた。しかし、元禄八年の銅代物替貿易の設定によって、銅屋仲間の独占体制が崩された。

そして、今度は、江戸の商人桔梗屋又八、岡又左衛門、納屋長左衛門の三名が銅の輸出事業（長崎廻銅）の請負いを出願したの対して、向後七年間、一年金一六、〇〇〇両の運上金の上納を条件として許可された。そして、年間八、九〇二、〇〇〇斤の長崎廻銅が桔梗屋らの請負うところとされた。

以上が元禄十年（一六九七）八月令による長崎貿易の主要な改革点であるが、全体的に幕府とその関係者および長崎に有利な改革であり、とくに、今まで貿易利益の追求については、もっぱら商人任せできた幕府が、今度は積極的に幕府の財源の一つとして、長崎貿易の改革に着手した点が注目される。

## 長崎会所の設置

元禄十年八月令による長崎貿易の改革において、幕府は、貨物市法による輸入方法と国内輸入商人への売渡し方法の採用を命じた。そして、これによる利益銀は、長崎奉行の監督下で、長崎町年寄にその請払いと保管を行わせ、この貿易の運営に携わる長崎地下の諸役人の役料を支払い、また、地下民に助成を行うことにした。この助成は「公儀御救」という名目で行われることになるが、これは、この貿易方法によって発生する利益銀を幕府の所有とすることを意味している。すなわち、改革して新たに採用した貿易方法による利益銀は、幕府の所有するところであり、それより貿易の運営にあたる役人の給料を支払い、長崎地下民へ助成銀を与え、そして、この残額を長崎奉行の監督下で保管して江戸へ報告させる。

おおむねこのような貿易体制に改める、というのであるが、この体制による貿易の運営のためには、かっての貨物市法会所のような役所がなくてはならない。ここに設置されることになるのが長崎会所である。元禄十年（一六九七）八月令が長崎に届いたのは、同十月末のことであり、現地ではただちに貿易改革が着手されている。そして、新貿易仕法のための役所の設立に関する詳細が明らかにされたのは、同十二月十八日である。すなわち、

①異国船入津のとき、奉行所から荷役・出船・蔵本用事のたびごとに検使を従前どおり差し出す。

②(1)御用物・寄進物を奉行所で吟味して後、(2)唐人蔵へ諸目利を遣わし、反物の手本をとり、一船の荷物をすべて見届けさせる。(3)春船二〇艘の割付けのとき、一艘分の荷物の値段を定めて帳面に仕立て、奉行所へ提出させる。(4)直組のときに高木作大夫、高木彦右衛門、町年寄、常行司が吟味して値段を決め、(5)この値段を唐人へ示して売却に納得したものだけを割付けの銀高分だけ輸入する。(6)春船二〇艘に対してこの方法を試してみて、夏船については方法を変更してもよい。

③(1)異国人から御定高割付け分の荷物を買い取ってから、いろいろな品物の上方相場を考慮して諸国輸入商人へ入札で売り渡すこと。(2)輸入品の買占めを行わせてはならない。

④右の方法によって発生した利益銀は会所に取り集め、一艘ごとに勘定し、その帳面を年番町年寄が改め、全額を高木彦右衛門へ渡すものとする。

⑤生糸については従前のとおりに輸入価格を取り決め、御納戸御用・呉服師へ定数を配分し、その残りを五ケ所糸割符仲間へ決まりどおりに配分する。

⑥御定高のうちで金高六〇〇両分は、砂糖御菓子屋の主水・織江へ来年度だけ輸入原価で買わせる。
⑦錫・鉛は神田屋孫八・丁子屋未休に、その年の増銀を懸けて一手に買わせる。
⑧唐船の持渡り書物は、元禄十年（一六九七）と同様に、その三分の一を唐本屋善五郎に買わせる。
⑨銀高五、〇〇〇貫目の銅代物替は、三期の唐船割付けとオランダ商館との御定高取引きの終了後に、銅を対価として、輸入品を諸国商人に売渡し、その増銀を帳面に仕立てて、一艘ずつの利益銀を高木彦右衛門が取り立てること。
⑩糸宿老は糸割符の職務を従前のとおり勤めるものとするが、会所にも勤務すること。また、唐人蔵や出島での荷見せの際に、目利が出向くとき、三ケ一支配の古年行司四人が、一蔵へ二人ずつ目利に付き添って勤めること。古年行司が手支えのときは花銀役の者を加えること。
⑪唐船の積戻りに関わる雑用売り、破船の濡荷物などの雑用売りのとき、請払いは従前のとおり、三ケ一支配の古年行司・同定役が勤め、糸請払役のうちの一人を差し加えること。積荷のない唐船で破船したものは従前どおり唐通事が支配すること。

以上の諸点を書いた覚書が長崎奉行から長崎町年寄・常行司に読み聞かせられ、高木清右衛門に渡されて会所に張りつけておくように命じられた。

そして、この会所の役人としては次のような役人が置かれることになった。

糸宿老（二人）　請払役（五人）　三ケ一支配古年行司（四人）　同定役（三人）　花銀役（五人）

このほかに、江戸・京都・大坂・堺から目利各二人ずつ合計八人、長崎からの目利として、端物目利（四人）、糸目利（二人）、薬種・荒物目利（六人　大薬屋一二人のうち、六人ずつ隔番勤務）、書物目利（三人）、鮫目利（六人）、茶碗薬目利（二人）、漆目利（二人）、油目利（二人）、唐皮目利（二人）、鹿皮呂宋皮目利（一六人）、牛皮目利（二人）の合計五六人の目利が置かれた。さらに、代物替会所役人として、古年行司（四人）、代物替定役（三人）、唐物道具目利（二人）、絵師（一人）の合計一〇人が置かれている。

これらの役人のもとで、成立期の長崎会所の運営が行われることになっている。いうまでもなく、長崎貿易全体の運営については、地下の役人が多数それぞれの役割を分担している。全部では千人を超える役人が置かれていた。

## 長崎会所の活動開始

長崎会所の設立に関する元禄十年（一六九七）十二月十八日付けの覚が紹介される以前においては、長崎会所の設立の事情について詳しく記されている史料が乏しく、不明なことが多かった。すなわち、以前においては、長崎会所の設立については、元禄十年に設立されたとする史料と、翌同十一年に設立されたとする二系統の史料の存在が知られていた。しかし、いずれも内容的に乏しいものであったために、設立年についてもいま一つ明確を欠く状態であった。そして、設立年に関連して、長崎会所による貿易がいつから開始されたのか、ということも問題として存在していた。一般的には、元禄十一年（一六九八）に設置され、同年から貿易業務も開始されたものと漠然と思われていた。しかし、この点に関するより明確な知識が要求されるようになって、いくつかの見解が示されるにいたった。

この点についての見解について順を追って見ると、最初は長崎会所は元禄十一年に設立され、同年から長崎会所による貿易もはじまったように思われており、とくに問題視されることもなかったが、この点について、長崎会所は元禄十年に設立され、同年内に糸割符仲間や呉服師および分国へ配分された残りのいわゆる余糸が、長崎会所と代物替会所に受け込まれた、とする見解が出された（山脇悌二郎『長崎の唐人貿易』昭和三十九年発行）。すなわち、元禄十年にすでに長崎会所が貿易業務を開始しているとする説である。この後、長崎会所の設置は元禄十一年の四月から八月の間であり、史料に見られる長崎会所の活動を示す記事の初見は元禄十一年八月十六日であるとする見解が示されている（中村質「長崎貿易利銀配分体制の形成」〈「九州史学」二九〉）。さらにこの後、長崎会所は元禄十年八月令による貿易改革の結果設置されたもので、この改革が長崎現地で着手されたのが、同年の十一月以降のことであり、この時期にはすでに同年の貿易取引きが終了しているので、元禄十年内に長崎会所に余糸が受け込まれたと解釈することはできない、史料に見られる同会所の活動を示す記事の初見は元禄十一年五月二十四日である、とする見解が示された（太田勝也「長崎会所の創設と貿易官営化について（上）・（下）」〈「日本歴史」二五七・二五八〉）。この後、この点についての若干の論争があったが、長崎会所の設立に関する元禄十年十二月十八日付けの覚が明らかにされ、長崎会所設置の事情がより明確となった（若松正志「長崎会所の設立について」〈「歴史」七四〉）。そして、翌元禄十一年（一六九八）の春の貿易から長崎会所による貿易の開始されたことが明白になった。

## 大坂銅座の設置

長崎会所を設置し、長崎運上金制度を制定して、幕府の長崎貿易の運営体制が整えられたが、実際の貿易運営は、きわめて厳しい状況であった。すなわち、貿易の実際面については、元禄十一年から一年間に輸出する銅の量を八、九〇二、〇〇〇斤とし、これを江戸の商人桔梗屋又八らに年間金一六、〇〇〇両の運上金を条件に請負わせた。これは、ほぼ御定高分を銅で決済し、さらに運上金が手に入る幕府にとってはなかなか結構な条件であったが、貿易の運営の実際面は、この桔梗屋らによる長崎廻銅のいかんに懸かっていたのである。

ところが、桔梗屋らによる銅輸出の業務はそのスタートから躓きを見せた。すなわち、銅の輸出価格を唐人と折衝して値組法で決めるのであるが、この業務に慣れていない桔梗屋らは、唐人側の強硬な主張に対応できず、自力で決定することが不可能となり、結局は、従来どおり銅屋仲間に頼むほかなかった。それでも長崎廻銅の請負いのために準備があったのであろう、元禄十一年の輸出銅高を見ると、唐船へは六、〇八二、三九五斤、オランダ商館へは二、九三七、九〇〇斤、合計九、〇二〇、二九五斤を輸出している。

しかし、これを持続させることは困難であった。すなわち、桔梗屋らは自分自身が銅を持っていたわけではなく、結局は大坂の銅屋などから入手しなければならなかったのである。この資金繰りにすぐに破綻をきたし、翌元禄十二年(一六九九)の春期の貿易において、早くも輸出銅の不足が現れた。そして、同年六月には桔梗屋らの長崎廻銅の一手請負いは廃止され、一般に開放された。

しかし、元禄十一年に幕府が決定した一年間における輸出銅額八、九〇二、〇〇〇斤という額自体にそもそも無理があった。この後の輸出銅額を見ると、

元禄十二年　七、四八六、四三五斤
同　十三年　五、一二四、四一五斤

という状況で、長崎廻銅はいよいよ行き詰まってきて、銅代物替や俵物諸色替などで膨張しきった貿易額を維持し、運営することがきわめて難しい状況となり、貿易取引きの渋滞が顕著となってきた。ここにおいて、幕府は長崎廻銅を民間に行わせては貿易運営が困難と判断し、幕府が直接行う方式を採用することにする。

すなわち、幕府は元禄十四年に、大坂に銀座加役の銅座を設置し、銅の管理を幕府が直接行うことにした。国内で使用される銅のことを地売銅（じうりどう）と称し、輸出向け銅のことを長崎御用銅とか長崎廻銅と称するが、銅座はこの両方を支配する役所として設けられた。全国の主要な銅山は幕府の直営となり、その産銅は大坂へ廻送されて、銅座の支配下に置かれた銅吹屋（どうふきや　銅製錬業者）のもとで、

地売銅と長崎御用銅につくられ、これを銅座がすべて管理した。

この長崎御用銅は、太さ差渡し幅二センチメートルほど、長さ七五センチメートルほどの棒状の銅で、その形状から棹銅（さおどう）と呼ばれていた。これは長崎へ廻送され、箱詰めにして唐人やオランダ商館へ輸出されたのである。

大坂銅座へは、江戸銀座と京都銀座の年寄を交代で出向させて支配にあたらせた。銅座による長崎廻銅の仕組みはおおむね次のようである。まず、銅山からの産銅は大坂の銅吹屋へ送られ、棹銅に造られる。そして、銅座から送り状を付して長崎へ廻送する。長崎では町年寄が送り状と廻銅高を照合して、銅座宛に受取り手形を差し出す。代銀は長崎町年寄から銅座へ支払われる。支払いの方法は、為替を利用してもよし、送り状の持参者へ

**大坂銅座跡**（大阪市。写真は元禄14年に設置された銅座跡ではなく、明和3年に設置されたものの跡）

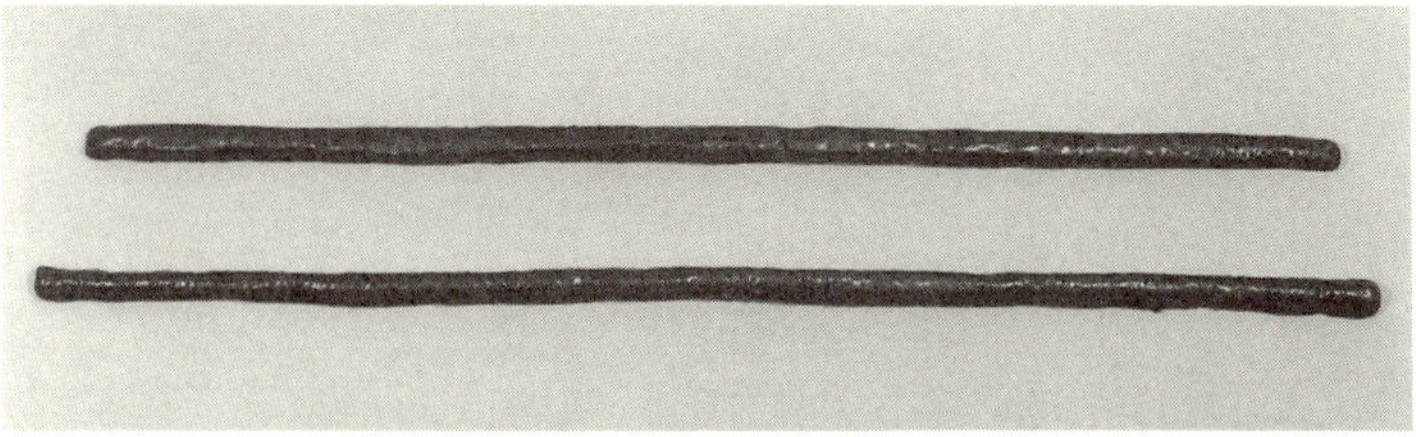

**銅棹**（長崎市立博物館所蔵）

現銀で渡してもよい。長崎廻銅の運転資金は、銅座が最初に御用金を拝借して、それで御用銅を用意して、元値段で長崎へ廻送し、長崎町年寄からの支払いによって、拝借した御用金の返済にあたる。また、長崎において、御用銅の代銀に不足をきたした場合には、長崎会所に保管されている銅買銀（どうかいぎん）をもって支払いにあててもよいとされている。

以上のように、幕府は長崎会所の設置によって長崎貿易の官営化を図り、また、長崎廻銅の官営化も図って、長崎会所と大坂銅座の連携によって、貿易の運営円滑化の体制を形成したのである。

## 長崎運上金

**長崎運上金制度の制定**

幕府は元禄十年（一六九七）八月令により、貿易取引きの勘定を長崎会所に一本化し、その利益銀を幕府の所有とすることを明らかにしたが、しかし、元禄十年、翌同十一年の段階においては、長崎会所の会計とその利益銀の処置についてはまだ詳細には決められていなかった。とりあえずは、長崎会所を設けて長崎と長崎貿易の会計を、この会所で行わせる体制を形成したという事情であった。そして、この会計と利益銀の処置について、時の勘定奉行荻原重秀が自ら長崎に赴いて、現地の実情を調査している。

すなわち、元禄十二年（一六九九）四月十一日、勘定奉行荻原重秀、目付林藤五郎をはじめ総勢約三〇〇人が長崎に到着し、同四月二十五日までの一四日間にわたり、長崎現地の調査を行った。そして、この後、同六月十五日付けの老中奉書で、長崎会所の利益銀の処理について、おおむね次のようにすることを長崎奉行に命じている。

①御定高（唐船銀高六、〇〇〇貫目、オランダ商館金高五〇、〇〇〇両）による貿易の利益銀より金高六〇、〇〇〇両（銀高三、六〇〇貫目）を長崎地下配分金にあてる。

②銅代物替銀高五、〇〇〇貫目の貿易の利益銀から金高一〇、〇〇〇両（銀高六〇〇貫目）を長崎地下配分金にあてる。

③唐人・阿蘭陀置銀、同遣捨銀、出島間金、牛皮利銀の半分、地下糸割符増銀、唐人家賃銀など、合計金高四〇、〇〇〇両余（銀高二、四〇〇貫目余）を地下落銀に加え、前記①・②の地下配分金と合わせて、合計一一〇、〇〇〇両余（銀高六、六〇〇貫目余）を長崎に与える。

④ほかに、長崎に保管されている金子のうち、五～六、〇〇〇両（銀高三、〇〇〇貫目～三、六〇〇貫目）を幕府の費用として長崎に保管する。

⑤長崎の諸利益銀より、以上の①～④を差し引いた残額を、すべて長崎運上金として、大坂金蔵に納め

るものとする。

⑥ほかに、長崎貿易の運営の円滑化を企図して、棹銅の調達資金（銅買銀）として、銀高一、五〇〇貫目（金高二五、〇〇〇両）を貿易取引き終了後に、御定高貿易の利益銀より長崎に保管しておく。

長崎会所による利益の処理は、おおむね以上のようにすることが命じられている。

①・②にある長崎地下配分金（ながさきちげはいぶきん・ながさきじげはいぶんきん）というのは、要するに長崎の市民へ与える助成金のことで、地役人の役料にあてられるほか、長崎の市街地区に居住権を持つ者に箇所銀、竈銀と称して与えられるお金である。箇所銀（かしょぎん）というのは、長崎の市街地区に居住権を持つ者のうち、自分の家を持っている者に与えられるお金で、竈銀（かまどぎん）というのは、自分の家を持っていない借家・長屋に住んでいる家族すなわち竈を単位として与えられるお金のことである。

要するに、長崎市街地区に住む者に、長崎会所の利益銀の中から合計金高七〇、〇〇〇両が与えられることになったのである。これを長崎地下配分金七万両の制度といい、所定の銀額が定められていて、長崎の市民に配られたのである。

③の部分に見られる置銀（おきぎん）というのは、簡単にいえば、外国貿易に課された関税の一種で、貿易船一艘ごとに課する船別置銀と取引き額に課する定例置銀の二種類がある。遣捨銀（つかいすてぎん）というのは、長崎に渡来した唐人やオランダ人の滞在費や船の修理費のことである。出島間金（でしまあいだがね）は、オランダ商館に小判を輸出するときに発生する利益銀のことである。すなわち、国内の金

銀比価が小判一両＝銀五八匁前後であったが、これをオランダ商館へは、小判一両＝銀六八匁で輸出した。ここに発生する差額が間金といわれる。牛皮利銀は文字どおり牛皮の輸入によって、長崎会所が得る利益銀である。ちなみに牛皮の輸入に対しては一四〇%というきわめて高率の税が課されていた（元禄十二年の改定率）。地下糸割符増銀は、長崎に配分される現糸一五〇丸分の利益配当銀のことである。唐人家賃銀は、長崎に渡来した唐人はすべて唐人屋敷に滞在させたが、ここの使用料のことである。これらの収入から、合計金高四〇、〇〇〇両余（銀高二、四〇〇貫目余）が長崎に与えられる。これは長崎地下落銀といわれ、主として貿易の運営費用などにあてられる。落銀には前述の長崎地下配分金の一部も含まれる。

④は、長崎の支配に必要な公用金である。

⑤は、要するに長崎会所の純利益銀として幕府が徴収する分の規定であり、大坂城へ納められる。一般に長崎運上金と称される。もっとも貿易の運転資金として⑥の銅買銀一、五〇〇貫目を長崎現地に残しおくことにしている。すなわち、この時期の貿易の運営は、輸出品としての銅の調達いかんに関わっていた。この輸出向け銅の集荷資金として銅買銀が用意されており、これは後の年度に大坂城へ納入された。

以上のように、幕府は勘定奉行荻原重秀らによる長崎の現地調査を実施して、このような長崎会所による利益銀の処理を決定し、運上金を徴収する体制を形成したのである。この長崎会所の設置から長崎運上金制度の制定に至る幕府の長崎貿易の改革は、従来の長崎貿易に対する幕府政策を根本的に変更したものである。

すなわち、幕府は、この改革以前においては、貿易利潤の追求を五ケ所商人を中心とする商人の手に委ねていたが、この改革において、幕府自身が長崎貿易の利潤をその財源とすることにしたのである。長崎貿易に対する幕府の姿勢が根本的に変わったのである。

## 長崎会所成立期の運上金

銅代物替の設定によって、幕府は元禄八年（一六九五）に金高一、五〇〇〇両、翌同九年に金高一〇、〇〇〇両、同十年に金高三五、〇〇〇両の運上金を得たが、長崎運上金制度の制定後における運上金の実態はどのようであったろうか。この点については、史料的な制約によって、各年網羅的に知ることはできないが、元禄十五年度の場合がかなり詳細に知られるので、これを見ておこう。

まず、元禄十五年度に、長崎会所の決算において、その収入は次のようになっている（「元禄十五午年長崎御運上銀御勘定目録」）。

| | | |
|---|---|---|
| 銅代物替出銀 | 銀高 | 三、一二八貫一〇四匁二 |
| 掛出糸代 | 銀高 | 一一貫九八三匁八一六 |
| 銅買銀（元禄十四年度分） | 銀高 | 一、四三四貫九三七匁三 |
| 銅買銀（元禄十五年度分） | 銀高 | 一、七一六貫〇五二匁六 |
| 唐船荷物蔵新築地地子金 | 金高 | 一五〇両 |

| | |
|---|---|
| 金線屋運上金 | 金高　七八七両三分と銀高八匁八五八 |
| 酒運上金 | 銀高　三〇貫四七一匁二五六六二五 |
| 長崎屋源左衛門拝借返納銀 | 銀高　一貫七二九匁五 |
| 長崎拝借返納銀 | 銀高　一二貫九四七匁八八二 |
| 新地蔵主中拝借返納銀 | 銀高　二〇貫〇〇〇目 |
| 合計 | 銀高　六、四一〇貫六二一匁九〇七二 |

合計の数値とその前に列記されている各項目の合算値が一致しているかどうか微妙であるが、元禄十五年（一七〇二）の長崎会所の収入は約銀高六、四〇〇貫目程となっている。

この収入がどのように処理されているかは、次のとおりである。

| | |
|---|---|
| 運上金 | 金高　六六、〇二四両一分と銀高六一貫九七八匁五〇七二 |
| 長崎地下配分金 | 銀高　六〇〇貫〇〇〇目 |
| 酒運上金取立入用 | 銀高　三貫一八四匁三 |
| 新地蔵主中拝借銀 | 銀高　二〇〇貫〇〇〇目 |
| 有匱 | 金高　二九、五八七両と銀高六匁六 |
| 合計 | 銀高　六、一四〇貫六二一匁九〇七二 |

以上が「元禄十五午年長崎御運上銀御勘定目録」による元禄十五年の長崎会所の決算である。ここには、

運上金として金高六六、〇二四両一分と銀高六一貫九七八匁五〇七二が計上されているが、この勘定目録の末尾に、

元禄十四年分大坂御蔵納高　三、〇九七貫七五一匁一五四
元禄十五年分大坂御蔵納高　三、八九一貫三八一匁三三

とあり、実際に大坂城に納められた銀高が示されている。おおむね五～六万両が実際に大坂城へ納められていた勘定である。

そして、この運上金の額が幕府の収入の中でどれほどの位置を占めていたのかというと、元禄十六年（一七〇三）度の大坂御蔵納高は、総額で金高三三六、八三七両余である。このうち、年貢・物成・小物成等による納高は金高二一八、二一一両余で、全体の六四・八％を占め、長崎運上金分は金高六七、〇五七両余で、全体の一九・九％にあたっている。翌宝永元年（一七〇四）の場合は、大坂御蔵納高総額が金高二九八、〇五九両余で、全体の六三・三％を占めており、長崎運上金は金高七二、四二四両余で、全体の二四・二％にあたり、長崎運上金は大坂御蔵の現金収納分中では、年貢・物成・小物成等に次ぐ高額となっており、現金収納分の約四分の一から五分の一を長崎運上金が占めていたことなる。

以上のようであって、幕府の長崎会所の設立による長崎貿易の官営化は、幕府の財源を確保する意味では一応の成功であったと見られる。また、長崎地下にとっても、地下配分金七万両を獲得しているので、大雑把にいえば、長崎会所による利潤を幕府と長崎地下が折半したような状況となっている。

# 第五章　新井白石の長崎貿易改革

## 新井白石の建議

### 宝永初期の貿易事情

元禄の後半期に、幕府は長崎会所を設置して長崎貿易を官営化し、次いで長崎運上金の制度を制定して、長崎貿易による利益銀の幕府財政への吸収を図り、そして、大坂銅座を設置して、もっとも重要な輸出品の銅を幕府が直接管理する体制を整えた。

しかし、御定高のほかに銅代物替、俵物諸色替（追御定高）、金線代物替などを設定したことにより、一年間に行う貿易は銀高一六、〇〇〇貫目を超過しており、この輸出を維持することはきわめて困難な事態になっていた。この貿易額の拡張政策は、時の勘定奉行荻原重秀らによって推進された幕府財政立直し策の一環として行われたものであるが、輸出事情からすれば、とても維持できる状況ではなかった。

すなわち、元禄十年（一六九七）の貿易改革を策した段階では、御定高貿易の約銀高九、〇〇〇貫目を銅をもって決済し、この銅は江戸の商人桔梗屋又八らが調達する計画であった。そして、追御定高の銀高二、〇〇〇貫目は俵物と諸色をもって決済し、これは長崎が調達する計画であった。

そうすると、残りの約銀高五、〇〇〇貫目ほどの貿易は、オランダ商館へ対する小判の輸出と、それから長崎請負いの俵物諸色替（追御定高）以外の諸色と若干の銀、および渡来唐人やオランダ船員らの長崎滞在中の費用や船舶の修理である「遣捨」によって、十分決済が可能なはずであった。ところが、桔梗屋らによる長崎廻銅の一手請負いは、すぐに元禄十二年（一六九九）には破綻をきたした。この施策として幕府は大坂銅座を設置して長崎廻銅の確保を企図したが、これは思いのほか難渋した。すなわち、銅の不足現象が起こると、たちまちに銅の価格騰貴が発生した。地売銅について見ると元禄十二年に一〇〇斤＝銀九二匁余であったものが、四年後の宝永元年（一七〇四）年には上物で一三二匁～一三八匁、下物で一〇三・五匁～一〇六・六匁に値上がりしており、八年後の正徳元年（一七一一）には、上物一九四・四匁～一九六・四匁、下物一二二・三～一二三・三匁、翌同二年には何と上物二五一・五匁～二五三・五匁、下物一九一・五～一九三・五匁に上がっている。

ところが、輸出銅の価格は、元禄十二年には唐船へ一〇〇斤＝銀一一二匁、宝永元年には銀一一三匁二分、正徳元年には同じく一一四匁二分、翌二年には一三五匁で輸出している。すなわち、地売銅は国内で急激に値を上げているが、輸出銅は国内相場のように極端なつり上げはできない状況であり、このギャップが大坂銅座の長崎廻銅事業の大きな障害となったのである。

大坂銅座設置後の銅の輸出状況を見ると、

| | | |
|---|---|---|
| 元禄十四年 | 五、四九一、五五一斤 |
| 同　十五年 | 五、二七六、三七二斤 |
| 元禄十六年 | 五、五七三、〇三二斤 |
| 宝永　元年 | 七、一七二、七一五斤 |
| 同　二年 | 六、七九七、六四一斤 |
| 同　三年 | 六、六〇〇、三五六斤 |
| 同　四年 | 六、六〇一、四六〇斤 |
| 同　五年 | 七、四三一、一九四斤 |

となっており、一年間の輸出予定額の八、九〇二、〇〇〇斤に達した年はなく、各年大きく下回っている。このような状況であったので、貿易運営に支障が生じた。すなわち、長崎貿易の仕方は、輸入部門と輸出部門が分離して行われていたので、まず、先に輸入が行われる。この勘定は唐船の場合には銀で行われる。しかし、銀を国外へ持ち出されては困るので、唐人へ支払った銀で日本の品物を買わせ、国外へはその品物を持ち渡るようにされていた。この品物のほとんどに銅をあてるはずであったが、この銅の長崎廻着が滞ったために、唐船へ銅を渡すことができず、すなわち、輸出部門が著しく渋滞することになった。宝永期になると、唐船は輸出を終えても帰国できずに、長崎に止まらざるを得ないことになり、長崎で越年す

る唐船が出る状況になってきた。このような事態の発生により、長崎貿易の改革がまた必要とされるにいたった。

## 新井白石の登用

宝永元年（一七〇四）、甲府藩主徳川綱重の長男綱豊が、五代将軍綱吉の世子として江戸城西ノ丸に入った。このときに、木下順庵門下の五先生とか十哲の一人に数えられた賢才で、彼の侍講を勤めていた新井白石は寄合に列せられた。この後、宝永六年正月、五代将軍綱吉が没し、家宣（元、綱豊）が六代将軍の座につくと、白石はさっそく幕府政治の中枢に登用された。白石は、家宣の要請に応え、幕府政治に積極的に発言し、生類憐み令の廃止を手はじめに、大銭の使用禁止、箔運上金の廃止、川船運上金の廃止など、前代に行われた弊政が次々に改められていった。

白石は宝永六年二月に、将軍家宣から幕府の財政について意見を求められた。この答申に長崎貿易のことが現れているから、白石は家宣が六代将軍に就いたその最初から、長崎貿易に対して関心を持っていたことがわかる。すなわち、幕府の財政を考える中で、貨幣政策に及んだとき、その材料である金銀銅の不足が大きな問題であることが明白となった。そして、その原因を探るうちに、長崎貿易における金銀銅の輸出の問題に直面することになったものと思われる。そして、白石は金銀銅の輸出の実態の把握に乗り出したものと思われる。具体的に何をどのように調査したかは知られないが、おそらく元禄十二年（一六九九）に勘定奉行荻原重秀らが長崎に下って貿易の実情を調査してきているので、それらに関わった人物もいたであろうし、書類もあったことであろうから、そのような調査が行われたのではなかろうかと推測される。

しかし、問題の金銀銅の輸出量について、どれほど具体的に捉えることができたのか、その実情は知られないが、はじめはかなり漠然としたもののようであり、その点についての確証がほしい状況であったようである。すなわち、確たる数量的な証拠を明示して、長崎貿易の大改革に臨む方向を考えていたようである。

## 宝永六年四月一日付け「白石上書」

長崎貿易の改革に関わる白石の最初の意見書は、宝永六年（一七〇九）四月一日付けで、家宣の側用人間部詮房に提出されている。これがいわゆる「白石上書」である。

この「白石上書」の提出直前の宝永六年三月二十二日に、白石は長崎奉行に対する諮問を行っている。おそらく金銀銅の輸出量などに関わる事柄を諮問したようである。これに対する長崎奉行の答申があり、この直後に「白石上書」が提出されている。

この内容は三点からなっており、白石の所見を述べ、それに対する将軍家宣の判断を仰いだものである。

第一は、金銀銅の輸出に関する点であり、おおむね次のような内容である。

長崎奉行の答申によって、正保五年（一六四八）から宝永五年（一七〇八）に至る六一年間の長崎貿易における金銀銅の輸出量が判明した。長崎貿易のほかに、朝鮮貿易、琉球貿易でもその数量が判明しないが、金銀銅が輸出されている。このような輸出を行えば、貨幣の新造量の現状から見て、将来、国民の生活が成り立たなくなる。

第二は、長崎地下配分金と長崎運上金に関わることである。

家康から家綱に至る四代においては、商人に運上金を課するようなことはしておらず、善政であった。ところが五代将軍綱吉のときに、貿易に種々の税を課して、それを長崎に与える一方、幕府も運上金を得ている。長崎だけをなにゆえに優遇しなければならないのか。関税や運上金を課するので、輸入貨の市場価格が騰貴している。長崎地下配分金や長崎運上金は廃止した方がよい。

第三は、毎年長崎に渡来する貿易船の積荷額を規制し、渡来船数を減少させてはどうか、ということである。

今までのような御定高・追御定高（俵物諸色替）の額の貿易を維持するとすれば、多量の金銀銅が国外へ流失する。この対策として、渡来船の積荷額を規制し、そのうえで一年間の渡来船数をも規制して、その積荷をすべて買い取るようにすれば、抜荷の心配はなくなるし、金銀銅が無制限に流失することも防ぐことができる。これによる輸入貨の値上がりと長崎地下民の取分の減少が心配されるが、奢侈品を輸入せず、薬種などの必需品だけを輸入するようにし、長崎地下民には、労せずに金銭を得ることの弊を改めさせることにより、この心配は取り除くことができよう。

以上のような主旨の事柄を具申し、将軍はどのように考えるのかについて、伺いを立てたものである。

## 白石の金銀銅輸出量の認識

白石は、宝永六年（一七〇九）四月一日付けの上書で、過去における金銀銅の輸出量の多きを嘆き、このような状態が続けば、一〇〇年後の日本国民の生活は一体どうなってしまうのか、と国家百年の将来を心配しているのであるが、白石は過去の金銀銅の輸出量をどの程度のもと認識していたのであろうか。「白石上書」では、一年間にこれまでのように年間銀高八、〇〇〇貫目の輸出を許せば、年間金高一三三、三〇〇両の金銀を失う。年間銀高六、〇〇〇貫目の貿易であるとしても、一年間で金高一〇万両、一〇〇年間で金高一〇〇万両、一〇〇年間では金高一、〇〇〇万両を失うことになると計算して警告を発しているが、残念ながら、「白石上書」には過去における金銀銅の輸出量は記されていない。しかし、白石はその日記の宝永六年二月三日の条に、長崎貿易で慶安年中から元禄十一年（一六九八）までの間に八二〇万両が異国へ流失したことが書かれている。この数値を白石がどのようにして知ったものか、今となってはわからないが、しかし、現在伝わっているいくつかの史料によって検証してみると、じつにこの数値に近似した数値が得られる。すなわち、

①慶安元年（一六四八）から寛文十二年（一六七二）までの貿易額については、『長崎記』（『通航一覧』

所収）にその記載がある。

②延宝元年（一六七三）から貞享元年（一六八四）までの輸出額については、『長崎根元記』（『海表叢書所収）にその記載がある。

③貞享二年（一六八五）年から元禄十年（一六九七）年までの唐船に対する金・銀の輸出量については、「自寛永十年五月至宝永五年十二月　日記」（県立長崎図書館所蔵）にその記載がある。

④慶安元年（一六四八）から寛文十二年（一六七二）までのオランダ商館に対する輸出額については『阿蘭陀方商売覚帳』（『通航一覧』所収）にその記載がある。

という状況にある。

これらはいずれも個別のもので、性格を異にするものであるが、これらの史料によって、慶安元年から元禄十年に至る期間の金銀の輸出額を計算してみると、偶然かもしれないが、白石の記している数値とほとんど同じといってよい数値が現れる。白石は慶安年中から元禄十一年までの輸出量として、金高八二〇万両を上げているが、『長崎記』（『通航一覧』所収）の貿易額に関する記載はまさに慶安元年からはじまっており、これは「長崎諸事覚書」（内閣文庫所蔵）の同系統の記録で、貨物市法を成立させるにあたって行った長崎奉行所の調査による結果を記したものであり、白石の得た数値のある部分はまさにこの記録の数値であろうと推測される。

ただ、白石は右記のような金銀の輸出が過去にあって、それがいまだ続行しているかのごとくに意見を具申しているが、しかし、貨物市法の施行期以降、とくに貞享以降は、銀の輸出量は厳しく制限されており、宝永の現時点においては、かつてのような銀の輸出は行われていない現状であった。このような現状の下で、かつてのごとき銀輸出を続行すれば一〇〇年後は大変なことになると進言しており、現状との大きなギャップのあることが、「白石上書」の特徴の一つである。

## 宝永新例

### 白石の貿易改革案「宝永新例」

長崎貿易に関する白石の最初の建議である宝永六年（一七〇九）四月一日付けの「白石上書」に対して、六代将軍家宣がどのような判断を示したのかは、残念ながら史料的に詳らかではないが、この後の展開を見ると、家宣は白石の建議をもっともなものとして受け入れ、長崎貿易の改革に関わる作業の続行を命じたものと見られる。

白石の日記には、「白石上書」の提出後も、長崎に関わる記事が散見している。宝永六年十一月十五日の条には長崎貿易についての第一度目の書付を間部詮房へ提出したことが見え、続いて同二十日に同じく間部へ「長崎存寄五册」を進上し、同十二月八日にも「長崎表之書付」を間部へ進上したことが見えている。そして、その後は、しばらくの間日記に長崎関係のことが見えておらず、翌宝永七年三月二十日の条に「長崎之書付之事越州御物語」とある。どのような内容なのかはわからないが、「長崎之書付」のことについて、越州すなわち間部詮房から話があったことが記されている。

以上のように、白石は、長崎貿易についての意見書を間部詮房へたびたび提出しており、改革の準備を進めていた。そして、その方法はかなり慎重であり、いきなり幕閣で定めた改革を長崎奉行に命ずるというのではなく、改革案を長崎奉行に諮問し、貿易の現場にある長崎奉行の意見をいちいち聞き合わせるという念の入った方法をとっている。

そして、長崎貿易のかなり体系的な改革案ができ上がった。宝永七年（一七一〇）三月晦日に在府の長崎奉行が江戸城において、老中井上河内守からこの改革案を手渡され、諮問されたのである。この改革案がいわゆる「宝永新例」であり、内容は次のようである。

①年々の船数を定むる法
②船わりの法
③初年唐船入津之節の次第
④唐船宿定并逗留中次第
⑤商売の次第
⑥長崎地下配分の次第
⑦唐船帰帆の節の次第

⑧　臨時の沙汰の次第
⑨　唐人に相渡す御書付之次第
⑩　阿蘭陀商売の次第
⑪　常年唐船入津商売帰帆等の次第
⑫　宿主并宿町付町の法度条々

## 「宝永新例」に対する長崎奉行の答申

さて、白石の長崎貿易改革案「宝永新例」の内容がいかなるもので、この諮問を受けた貿易の現場を司る長崎奉行の答申はどのようであったろう。以下にその概要を見ることにしよう。

(1)　年々の船数を定むる法

この内容は、唐船一艘の積高を定額銀高三〇〇貫目とし、銀高五〇貫目までの余分を認める。そして、唐船には次回の来航許可証である公験を交付し、これを所持する船だけに貿易取引きを許可することにする。渡来船数は一年間に一〇艘（九艘あるいは八艘）とし、オランダ船は一年間に、唐船五艘（四艘あるいは三艘）分とする。積高・船数については五年ごとに見直す。

以上が白石の案で、このようにすれば金銀の流失をどれほど減少させることができるかを、数字を上げて細かに計算している。

これに対する長崎奉行の答申は、この積高・船数の規定では、唐人やオランダ商館側が同意せず、貿易取引きの続行が国難になろう。このように貿易額を減少させれば、輸入貨の市価が高騰し、諸人が難儀することになる。金銀の流失量も計算どおりにはいかないであろう。というもので、結論としては、まったく現実的でなく、実際の貿易には適用できないであろう、という率直な答申である。

(2)　船わりの法

この内容は、唐船一艘の積載価額を銀高三〇〇貫目とし、容認超過額を銀高五〇貫目までとして、渡来船の積載貨物をすべて買い取り、積戻し貨物を出さないこと、船割りについては、唐船は出帆地によって荷種が異なるので、薬種が確保できるように、出帆地に偏りが発生しないように配慮すること、というものである。

これに対する長崎奉行の答申は、唐船一艘の積高規定は以前より行っているが、唐船は、これを守らない。違犯の唐人に対してできるのは再渡来の停止を申し渡すことぐらいであるが、彼らはこの処置をいっこうに気にせず、何の効果もなく、処置なしの現状である。というもので、この対策は現実的には意味がないというものである。

(3)　初年唐船入津之節の次第

この部分は、新例施行初年度における唐船への対処法を具体的に示している。

この新例を施行すればはじめの一・二年は積戻しが多く発生するので、西国筋の大名にも命じて、抜荷の取締りを厳重に行うこと。春に唐船が入津したならば、その出帆地・乗員の名前・積載貨物の書付を奉行所へ提出させ、唐船主を奉行所に呼んで、新例の書付を渡して熟覧させ、そのうえで新例に従わないことを返答した唐船へは、以後日本への渡来を許可しないこと、違反して渡来した場合には積荷を焼き捨て、帰帆させることを申し渡し、水・食料を渡して、すぐに帰帆させる。このときは警備を厳重にすること。新例に従うと返答してきた唐船へは、新例の規定による春期の貿易を行わせる。春期の貿易ができずに積み戻ることになった唐船には、次回の渡来時を指定した公験を与える。異義を唱える唐人には訴訟状を提出させ、江戸へ連絡すること。江戸からの指示により訴訟が終了した唐船へは公験を渡してすみやかに帰帆させる。

これに対する長崎奉行の答申は、抜荷の取締りについては、現在も西国大名にも命じて厳重に行わせているが、唐船の抜荷の仕方が巧妙になっており、闇夜の沖合い三〇里、五〇里という遠くで行うようになっているので、防ぎようがない状況になっている。新例をすべての唐船が拒否してきた場合には、すべてを積戻しとし、再渡来の公験も与えないことになり、そうすると唐船との貿易が断絶することになる。輸入品不足になるし、長崎の者の生活が脅かされることになるが、そうなることを覚悟したうえでなければ、新例を唐船に申し渡すことは難しいであろう。というもので、この点についても、現実的に新例は行えないのではないか、という冷やかな答申である。

(4)　唐船宿定并逗留中次第

この部分は、新例に従い貿易を継続したいと返答した唐船の長崎滞在中のことを決めている。

渡来唐人は、唐人屋敷に滞在させてきたが、長崎市中泊を許可してよいのではないか。鬮で唐人の宿を決め、その宿主と宿町・付町が世話にあたる。役所を設けて、入津・出帆時の改めや価格決定を行うようにする。入津に伴う荷役は、以前はキリスト関係の改めの意味を持っていたが、今は抜荷防止がおもなねらいである。であれば、要は規定を超える金銀の持出しの改めを厳重にすればよいことなので、入津時の荷役は簡単にすませてよいのではないか。唐人長崎滞在中の必要品は宿町・付町の証文をとって渡してよい。数量が多いときには取り調べ、商品となるものは御定高の枠内で処理すること。唐人が蔵に保管してある荷物の取寄せを要求してきた場合や貿易取引き終了後に唐人の使用品を蔵から取り寄せる場合などは、宿町・付町を通した所定の手続きに従い、不自由させないように取り計らうこと。金銭関係のことは、奉行所を通し勘定すること。滞在中に唐人が長崎市中を徘徊することは、以前の例にまかせること。

これに対する長崎奉行の答申は、唐人の長崎市中泊については、最近の唐人は日本事情に通じており、また、長崎市民は困窮しているので、この状況で市中泊を許せば悪事を働く可能性が高いので、適切とは思われない。入津時の荷役を簡略にすることについては、入津以前に抜荷を行って、金銀を隠している場合もあるし、日本人と密約して異物を持ち込む可能性もあるので、これも適切でない。というもので、これについては全面的に反対している。

(5)　商売の次第

この部分は、輸入価格の決定から国内の貿易商人に輸入品が手渡されるまでの手順についての規定である。

①各期の唐船取引き数を決め、与力・同心の立合いのもとで、唐人、諸色目利、通事等に輸入価格を決定させる。唐人から決定価格で売却承諾の証文をとり、長崎奉行へ提出する。

②双方の合意がならず、輸入価格が決まらなかった貨物を記帳し、価格決定の貨物の取引き終了後に再度値組を行うこと。それでもだめな場合は蔵に入れて封印しておくこと。

③低品質の貨物や偽物など無用の品は、売買を許可せず、蔵に入れ、封印しておくこと。

④輸入価格が決まった物については、まず御用物の選定を行うこと。

⑤御用物の選定後、与力・同心立合いのうえで、諸商人に入札させ、奉行所で町年寄らと協議のうえ、落札価格を決める。落札価格に採用された価格を入札した者には褒美を与える。

⑥御定高の所定の額を諸商人に買い取らせる。

⑦貨物の三分の一ないしは四分の一を長崎地下商人に買わせる。

⑧貨物の買取り商人は、代銀を一〇匁につき五分の口銭を添えて役所に支払い、貨物を受け取る。

⑨口銭は地下役人へ与えるので、地下役人は他の礼物を受けてはならない。

以上のような手順で輸入を行ってはどうか、としているが、これに対する長崎奉行の答申は、結論的にいえば、従来の方法をことさら変更する必要はない、というものである。反対の理由としていくつかの点を指摘しているが、長崎奉行は、そもそも「宝永新例」そのものに賛成できないとする基本姿勢を持っているようである。

(6)　長崎地下配分の次第

この部分の内容は、次のようである。すなわち、輸入価格と諸商人への売却価格の差額（間銀）を江戸へ報告し、江戸からの指図に従って長崎地下へ配分する。間銀と口銭（掛物）から長崎地役人の役料を取らせる。置銀などは従来どおりとし、唐人からの寄進物は奉行の判断に任せる。

この部分の規定に関しては、ほぼ従来どおりの線が出されており、長崎奉行の答申も、他の部分とは異なり、この部分については反対意見を述べていない。

(7)　唐船帰帆の節の次第

この部分については、かなり念入りに決めている。

①輸入に対する支払いに相当する輸出品は、丁銀、銀道具、銅、その他諸色の配分に配慮すること。唐人へ渡す銀の改めは長崎銀座が一手に行ってきているが、今後は、長崎奉行がことごとく改め、封印を施して唐人へ渡すこと。

②新例施行初年には積戻しが発生する。与力・同心、地役人立合いで積戻し荷を入念に点検し、そのうえで、唐人、宿主、宿町、付町の者たちをも立合わせ、与力・同心の前で荷造りさせ、封印して蔵に保管し、唐船帰帆のときに封を改めて船積みさせること。

③積戻し荷の処置終了後、輸出品について、与力・同心、地役人立合いで入念に点検し、そのうえで唐

人、宿主、宿町、付町の者達をも立ち合わせ、与力・同心の前で荷造りさせ、封印して蔵に保管するか、唐船に積み込ませること。長崎地下の者が唐人へ贈った餞の品も改めて封印すること。

④唐人宿から荷を出すときには、与力・同心が無差別の抜取り検査を行うこと。

⑤唐人を乗船させるときには、衣服を着替えさせ、厳重に点検すること。

⑥船頭を奉行所に連れて来て奉行に対面させたうえで、公験を手渡し、与力・同心が伴って乗船させること。

⑦唐人が乗船した後、風待ちで停泊中に、やむを得ず往来の必要が生じたときには、唐人は船番に断って奉行所に連絡し、長崎地下の者は当該町乙名同伴のうえ奉行所に連絡し、与力・同心を伴って往来させること。

⑧唐船帰帆時には長崎中船留めし、遠見番、沖廻り番等の人数・船数を増加して、厳重に見張ること。

これに対して、長崎奉行の意見は、銀輸出の現状は銀高六、〇〇〇貫目の御定高に対して、銀は一六〇貫目以上は輸出していない。積戻し船の積荷は陸揚げもさせずに帰帆させているくらいで、積戻し荷の改めは、すでにきわめて厳重に行っている。ただし、帰帆時の荷改めは、不徹底の状態にある。すなわち、元禄十二年（一六九九）に、唐人が隠し持っていた銀を見つけ出した。ところが唐人が武力抵抗してきたので、奉行所の役人が抜刀して鎮めようとしたが、異国人に疵を負わせてはならないことになっているので、かえって唐人に海へ突き落とされる始末であった。それどころか、抜刀を咎められて、奉行所の役人は役を解かれる処罰を受けたので、この後は奉行所の役人も唐人の不正を強く取り締まることをしなくなってしまった。すなわち、新例では帰帆時の荷改めを厳重に行うことをきつく決めているが、貿易取引きの現場でそれを実行できない実情を長崎奉行は指摘している。

(8)　臨時の沙汰の次第

この部分は、新例の実施により予想される事態の発生に備えた対策を規定している。

来春の貿易では、積戻し船が多数出る。この積戻し船は、路料としていくぶんでも積荷の輸出を要求してくるであろう。そのときは、一艘につき銀高六貫目（金高一〇〇両）を許可する。輸出価格決定のときに不当に高価格を主張したり、低品質や偽物を積み渡った唐人へは日本渡来を禁止したり、次回渡来の期限を延ばした公験を与えるなどの処置をとること。反対に上品質の品物を持ち渡り、安価売却を承諾し、滞在中も日本の法によく従う唐人へは、期限を早めた次回渡来の公験を与えること。滞在中に日本の法を犯した唐人へは再渡来禁止を申し渡すこと。出帆時の荷改めのときに、規定以上の金銀の所持が露見した場合は、その荷造りに立合った宿主、宿町・付町の役人らまで処罰すること。

右の規定に対して、長崎奉行は次のように答申している。すなわち、近年は、渡来した一〇〇艘ほどの唐船のうち、隠し荷をしていないのは五・六艘である。九〇艘ほどに積戻しを命じ、再渡来を禁止したならば輸入が激減し、かえって日本側が困ってしまうことになる。そして、唐船は再渡来を申し渡されても何ら意に介していない。奉行所の役人は厳しく取り締まろうとしないし、隠し荷の捜査にあたる人夫も唐人と馴れ合っており、厳重な捜査を行わない状況であり、手の施しようがない。長崎奉行は、貿易現場の実情をこのように述べており、規定どおりにいくものでないことを指摘している。

(9) 唐人に相渡す御書付之次第

この部分では、唐人へ申し渡す条々に関する主旨の説明とその条々が示されている。主旨については、これまでの貿易は不要の消費材を輸入し、大切な金銀を輸出するという損害の多いものである。また、渡来唐人が日本の法を守らないというきわめて望ましくない状況にある。そこでこのような状況を打開するために、今度の新例を制定し、これにしたがう者だけに貿易を許可するものである。そして、条々の要旨は次のようである。

① 長崎奉行の許可の下で唐人の長崎市内泊を認め、貿易を続行させる。しかし、長崎以外の港で貿易したり、長崎であっても奉行が許可しない取引きを行った場合には、その積荷を没収して焼き払い、再渡来を禁じて即刻帰帆させる。

② 貿易の続行を希望する唐人へは、長崎奉行から次回渡来の年期を定めた公験を与える。公験の年期以前に渡来した場合は、貿易取引き・再渡来を禁じて即刻帰帆させる。年期を過ぎて三年以内に渡来した場合には貿易を許可し、再渡来の公験を与える。三年を過ぎて渡来した場合には、そのときの貿易を許可するが、次回渡来の公験を与えず、再渡来を禁止する。

③ 一艘の積荷を銀高三〇〇貫目とし、特別な事情がある場合は銀高五〇貫目の超過を許すが、銀高三五

○貫目以上を持ち渡った場合は、理由のいかんを問わず超過分を奉行所が没収し、次回渡来の公験を与えず、以後、日本渡来を禁止する。
④禁制品の売買を禁止する。長崎滞在中に本人が使用する分は例外とする。
⑤輸入価格は、日本の目利と相対で決めること。日本の目利が法外な安値を主張した場合には、奉行所へ訴え出ること。反対に唐人が法外な高値を主張したり、低品質の物、偽物を騙して売った場合には、再渡来の延期や禁止を命ずる。正直に取引きし、日本の法をよく守り、奉行の手を煩わせない者は、再渡来の年期を早めることにする。

⑽　阿蘭陀商売の次第

この部分では、オランダ商館との貿易取引きについて規定している。

出島のオランダ商館長は定期的に交代しているが、その交代のとき、新旧両商館長を奉行所へ呼び寄せ、唐船へ渡すのと同形式の新例の書付を手渡し、唐船については、一艘の積高を規定して、同一船が八・九年に一度の渡来を許可することにし、八〇艘に再渡来許可の公験を渡すように貿易の仕方を改革したことを、通詞をして伝えさせる。オランダ商館に対しては、渡来船数・取引き額を規定せず、唐船三〜五艘分の貿易を許可する。

オランダ商館へは、漢文とオランダ文で書いた新例の書付を各一通渡すことにする。しかし、オランダ商館長は、この改革にしたがうかどうかは商館長個人で判断できない、会社側の判断を待たなくてはならないというであろうから、交代の商館長が帰って会社へ貿易方法変更のことを伝え、来年交代する商館長が承諾の返答をもって来ればよいことにする。

商館長がどのように抗議しようとも、来年から新例を実施する。オランダ商館の売残り荷は、出島の倉庫に保管させてよい。輸出品は、従来の例に準じ、金・銅などを割り合わせて渡すこと。他は、これまでどおりとする。

これに対する長崎奉行の答申は、次のようである。すなわち、オランダ商館の輸出額は、現行に半減することになるが、オランダ商館側は納得しないであろう。オランダ船は唐船より遠方から渡来するので、積戻しもさせ難い。また、家康と秀忠から朱印状を与えられている事情もあるので、今度の新例を承諾させるのは、なかなか困難なのではないか。とわりあい冷やかな答申である。

⑾　常年唐船入津商売帰帆等の次第

新例施行に伴う唐船との最初の貿易における処置については、前の部分で細かく規定しているが、この部分は二年目以降の処置についての規定である。

①春・夏・秋の貿易期に先立ち、唐船宿を担当していない町の者を奉行所へ集め、鬮によって唐人宿を決めておき、また宿町・付町も決めておくこと。

②唐船入津に際して、与力・同心が通事を伴って渡来船が公験を所持しているか否かを確認し、渡来唐人の姓名・人数・積荷・積高を調査し、奉行所へ書付をもって提出させる。

③公験を所持している船主を奉行所へ召し寄せて、公験を改め、宿町の指示を与える。
④公験所持の唐船の積荷の蔵入れ、ならびに渡来唐人を宿町へ遣わすことは初年度のとおりとする。
⑤公験所持の船であっても、積高が規定に超過している場合は輸出を許可せず、再渡来禁止を命ずる。押し戻すときの方法は初年度のとおりとする。
⑥公験不所持船を押し戻す方法は、初年度と同様とする。
⑦これから以降において、公験を渡す唐船数が八〇艘を割る事情が発生したときには、公験不所持の唐船であってもすぐに押し戻さず、初年度どおりに新例を申し聞かせ、承諾した場合には公験を与え、八〇艘に充当していくこと。
⑧商売の規定は初年度のとおりとする。積高が超過している場合には、銀高五〇貫目までの超過分の輸出を許可するが、それを超えている分は没収し、次回渡来の公験は年期を遅らせたものを渡すこと。
⑨長崎地下配分は初年度どおりとする。
⑩唐人帰帆時の改め、公験発給は初年度の例に倣うこと。
この部分についての長崎奉行の答申はない。
⑿　宿主并宿町付町の法度条々
この部分は、渡来唐人の世話にあたる宿主、宿町・付町についての規定である。
①唐人宿で私商売（密貿易）をさせないこと。何ごとによらず、宿主、宿町・付町の役人を立合いのう

えで処理すること。

②唐人が滞在中に、蔵に保管している荷物を持って来てほしいと要求してきたとき、あるいは借金を申し込んできたときには、奉行所へ届けるか仲間内で処理すること。借金については唐人の帰帆前に奉行所に相談し、返済させること。

③唐人帰帆のときは、宿主、宿町・付町の役人が立ち合って衣服、諸道具等一切を改め、奉行所の改めも受けること。

④右の条々に違犯した場合は、本人を重科に処するほか、その罪の程度により関係者を処罰する。この部分についても、長崎奉行の答申はない。

## 「宝永新例」の特質

前記したように、「宝永新例」の根本は、これまでの金銀の輸出量を把握し、なおその輸出が続行されるとすれば、今後一〇〇年間で日本の金銀が半減するという計算に基づき、貞享二年（一六八五）にはじめて決められた御定高のおよそ半額を新たな御定高に規定し、これまで御定高の枠外に設定して行われていた銅代物替、俵物諸色替、金線代物替などをすべて取り止め、貨幣の材料としてもっとも大事である金銀の流失抑制を徹底させようとするところにある。貞享の御定高の半額、すなわち銀高四、五〇〇〇貫目は、現状の貿易額の約六五％減に相当し、唐船に至っては約七五％減にあたる、まことに思い切った削減である。

右記のことから伺えるように、「宝永新例」は、金銀の流失抑制一辺倒の、現状をかけ離れたというべきか、あるいは目的達成のために現状をほとんど考慮しない机上の計算と称すべき一試案ということができる。したがって、長崎の貿易の現場にあって、実際面を担当している長崎奉行にとって、多く見積もっても一年に輸出する金銀の量が、金高二万両（銀高一、二〇〇貫目）に満たない現状認識において、御定高分の金銀が毎年流失していくような白石の計算は、何をかいわんやというところであったに違いない。

このように、長崎奉行はこの新例の基礎を非現実的なものとして認識しているから、これを基礎として考えている白石の新たな貿易統制の方法について、ほとんど全面的に賛成意見を述べていない。部分的には同意している部分がわずかに見られるが、全体として長崎奉行の答申は、かなり辛辣といってよいほどに否定的なものである。

「宝永新例」自体は、その目的の設定、そして、それを実現していくための方法をかなりきめ細かに示しており、きわめて合理的に構成されている。しかし、根本において現実離れした性格は、長崎奉行でなくしても、貿易の実情をいくぶんでも知っている者にとっては、合意し難いものというよりほかないように思える。ここに、「宝永新例」が実施に至らなかった主因があるように思われる。

また、このような厳しい貿易改革案を出してきた事情としては、前代の荻原重秀らによる大胆な貿易拡大策を根底から覆させなければならないという、なみなみならぬ白石の決意があったのであろうことを考慮しなくてはならないであろう。

# 第六章　正徳新例の制定

## 正徳新例の制定過程

### 正徳三年の大岡清相の手紙

白石の長崎貿易改革についての長崎奉行への諮問案「宝永新例」は、宝永七年（一七一〇）三月晦日に、江戸城において老中井上河内守正岑から長崎奉行へ渡され、この答申書は同年四月二十九日付けで差し出されている。この直後に、長崎奉行の答申は白石の元へ回されたものと推測されるが、史料的には明白ではない。この後、白石の日記の同五月十日の条に、「長崎返書上ル」と見えているから、この日までに白石は長崎奉行の答申を受けて、そのうえで返書を作成し、老中か間部詮房へ提出したものと思われる。しかし、残念ながらこの白石の返書の内容は目下明らかになっていない。そして、この後、白石による長崎貿易の改革関係のことがらはしばらくの間、記録に現れてこない。

しかし、「宝永新例」を諮問してから五年後の正徳五年（一七一五）正月に、正徳新例が発令されることになる。この間の事情を見ると、注目されるのは長崎奉行別所播磨守常治の後任として、西ノ丸御留守居の大岡清相が正徳元年（一七一一）四月に長崎奉行に任じられたことである。

大岡清相はなかなかの能吏であったようで、これまでの長崎奉行は、白石の改革案に対して、実施困難である意見は述べても、それではどうすればよいのかという対策を示すには至っていない。しかし、大岡は貿易取引きの現場を預かる奉行として、白石の試案に賛成しているわけではないが、独自の意見を述べるのに積極的であった。

先に、栗田元治氏は正徳三年の大岡から白石宛の手紙を紹介されたが（『新井白石の文治政治』）、大岡は貿易の方法としては「市法直組商売」が最上であるといっている。ここにいわれている「市法直組商売」がどのようなものか若干の不明さがあるが、おそらくは寛文十二年（一六七二）から貞享元年（一六八四）まで行われた貨物市法のことを指しているもののように推察される。しかし、唐人は輸入価格の決定に、値組法の採用を承諾しないし、一部の取引きで値組法を採用しているが、これにおいても次第に輸入価格が高く定められるようになってきている。定掛り物（輸入関税）の率を引き上げれば、輸入価格が下がり、なおかつ利益銀を確保することができて、長崎地下配分金も運上金も確保できる、と述べている。

白石は、長崎貿易に関税を掛けること、運上を課すること、長崎地下へ配分金を与えることなどには基本的に反対しているが、大岡は先の「宝永新例」に対する長崎奉行の答申と同様に、この点については必要ありとする立場をとっており、よく説明すれば白石にも理解してもらえると思う、と述べている。

## 大岡清相の正徳三年十二月の貿易改革案

さて、大岡清相は、正徳三年（一七一三）十二月に、貿易改革についての意見書を提出している。内容は次のようである。

①唐船御定高を銀高六、〇〇〇貫目、船数年間三〇艘とする。
②一年間の輸出銅額を唐方一五〇万斤、オランダ商館方五〇万斤、合計二〇〇万斤とする。
③この御定高の場合は、運上金は原則として課さないが、上納可能な場合は上納する。
④この御定高によれば、輸入品の市価騰貴が引き起こるが、これを承知のうえで行う必要がある。
⑤この御定高の場合、実施の数年間はいろいろと苦情が出ると思われるが、これを押して断行しなくては目的を達することはできない。

要するに、大岡案は唐船御定高を銀高六、〇〇〇貫目とすることに基準を置いたものである。そして、この実施については、次のように立案している。

(1) 銀高六、〇〇〇貫目分の輸出
①銀高　一一〇貫目　丁銀
②銀高二、〇〇〇貫目　銅一五〇万斤
③銀高二、三八八貫目　諸色（俵物、蒔絵、伊万里焼物、長崎紙など）
④銀高一、四七七貫目　唐人遣捨（魚・野菜代、唐船日用賃、船別置銀、八朔礼金など）

③④の部分は、かなり細かな計算をしているが、貿易現場の実務から割り出した数値のように思われる。

(2)　唐船三〇艘の割合

①南京船　七艘　銀高一、四〇〇貫目（一艘二〇〇貫目）
②寧波船　五艘　銀高一、〇〇〇貫目（一艘二〇〇貫目）
③台湾船　四艘　銀高　五二〇貫目（一艘一三〇貫目）
④厦門船　二艘　銀高　二六〇貫目（一艘一三〇貫目）
⑤広東船　二艘　銀高　五〇〇貫目（一艘二五〇貫目）
⑥普陀山・東埔寨・東京・漳州・福州・舟山・温州船　各一艘　銀高一、四〇〇貫目（一艘二〇〇貫目）
⑦広南・暹羅・咬𠺕吧船　各一艘　銀高九〇〇貫目（一艘三〇〇貫目）

この船割りも貿易現場の実務から割り出したものであろう。唐船はその出帆地によって積荷が異なるから、いろいろな品を輸入するためには、こうした配慮が必要であった。

(3)　唐船の積高の算定

唐船一艘の積高を、たとえば銀高二〇〇貫目と規定しても、唐船は長崎に来て積荷の輸出価格が決められた段階でなければ、積荷の価額が判明しない。であるから積戻し荷も発生する。この対策として、一度、各品の標準価格を決めて、これを唐船側に知らせれば、唐船はそれを目安に積荷の算定が可能となる。

若干の算定誤差は、長崎の取引きのときに価格調節を行えば、積戻し荷を出さずに処理できる。積戻し荷は荒物で持ち帰らせれば、帰途での密貿易を防ぐことが可能である。ちょっとした工夫であるが、効果が期待される案である。

(4) 唐船へ公験を渡す方法

最初から公験を唐船に渡すと再渡来年が判明するので、再渡来年が遅く設定された唐船は抜荷などの悪事を働くことになる。そこで最初は唐通事から切手を唐船に渡し、翌年からこの切手を所持した唐船だけに貿易を許可することにすれば、二・三年で渡来唐船数が落ち着くので、そのようになってから公験を渡し、厳しい渡来統制を行えばよい。

(5) 新貿易仕法を唐船に申し渡す方法

長崎到着順に唐船へ新貿易仕法を申し渡すと支障の起きることが予想されるので、貿易取引きが終わってから、唐船を一同に集めて申し聞かせることにした方がよい。

(6) 唐通事の切手で唐船数を定める方法

① 初年渡来の唐船に、出帆地別に一年間に許可する船数を定めて、一船につき一枚の切手を規定船数だけ配給する。翌年からは、この切手を所持する船だけに貿易を許可する旨を唐人へ告げ、唐人からその承諾書をとる。

② 切手を発給するときに次のことを申し渡す。

(a) 明年、この切手さえ所持しておれば、人が代わっても貿易を許可する。
(b) 切手を所持していても、出帆地を偽った場合には、以後は切手を与えない。
(c) 切手不所持の唐船が渡来した場合、その船と同出帆地の船全部に対して、次の処置を命じ、唐船相互に切手不所持の船を渡来させないように心がけさせること。
　商売高を減ずる・積戻しさせる・翌年の切手を与えない・切手の支給数を減らす
③ 唐通事の切手に、その船の積高を記入しておく。
(7) 取引きの方法
① 白糸はこれまでどおり、糸割符仲間と呉服師六人に買わせ、輸入価格は値組法を採用する。
② 白糸以外の品に値組法を採用することは、当初は唐人が納得しないであろうから、入札法により掛り物の率を調整しながら行う。輸入価格が下直に落ち着いたなら、定掛り物による入札法が適切である。また、長崎が一手に唐物を輸入し、それを国内商人へ売却すれば、長崎地下のためにもよく、唐物の値段が下がる。
③ 人参、麝香、龍脳、丁子、朱、水銀の類は、長崎会所・長崎地下役人が入札で輸入価格を決めて輸入し、これに所用の経費を載せて諸国商人に売り渡すようにすれば、輸入価格も市場価格も騰貴をさけることができる。
④ 輸入品の市場価格が下落したならば、掛り物の率を調節しなくとも輸入価格は変動しなくなる。そう

なれば値組法の採用も可能となるし、長崎が一手に輸入する方式も可能になる。

(8) オランダ商館との貿易方法

① 御定高を金高五万両（銀高三、〇〇〇貫目）とする。

② オランダ商館の御定高を半減した場合、金の輸出は半減するであろう。しかし、銅の輸出額を一年五〇万斤とする規定は、オランダ商館が銅を買わなくなるであろうから、無意味なものとなる。

③ オランダへは朱印状が与えられているので、長崎奉行の裁量だけで事をすませることが困難な事情がある。御定高を半減した場合、貿易が断絶するかもしれないが、そうなれば、オランダ商館への銅を唐船に振り替えることができるので、かえって好都合な面もある。

以上が、正徳三年（一七一三）十二月の大岡清相の意見書である。この意見書は、白石の「宝永新例」あるいは「宝永新例」の改訂版に対する大岡の意見書であり、かなり積極的にいくつかの提案が見られる。

## 正徳新例の成立

白石が長崎貿易に関する意見を進言するようになったのは、宝永六年（一七〇九）二月であり、同年四月のいわゆる「白石上書」において、白石の基本的な改革の構想が進言され、それよりさらに体裁を整えて、長崎奉行への諮問案として出されてきたのが、同七年三月のいわゆる「宝永新例」である。そして、これに対する長崎奉行の答申があったのが同年四月二十九日である。この長崎奉行の答申は、白石にとってはきわめて厳しいものであった。この答申を得て、白石が「宝永新例」にさらに手を加えることになったものか、どうかは明白ではない。

この後、正徳元年（一七一一）に大岡清相が長崎奉行を任命されたが、同三年十二月に大岡の意見書が提出されている。これは、おそらく「宝永新例」そのものか、あるいは先の長崎奉行の答申を得て、その後に白石が手を加えたものに対する大岡の意見書である。この段階ではいまだ改革案が検討中である。

この後の展開を見ると、正徳四年二月に、白石は長崎奉行駒木根肥後守、久松備前守および高木清右衛門ら町年寄に、長崎御用銅の不足のことに関して意見を求めたが、とるに足る意見が返ってこなかった、と『折りたく柴の記』に書いている。そして、この後に、いよいよ白石が長崎貿易改革の草案の作成を命じられ、大綱細目二一一条、八巻に上る草案を作成して進上したとされる。この草案の進上がいつであるのか明白ではないが、同年九月に大岡清相が長崎に下る直前に、老中列座において、来春、上使をもって長崎に沙汰することがあることを告げられているので、この時点にはすでに長崎貿易の改革案が成立していたか、あるいは相当に煮詰まっていたものと見られる。

そして、明けて正徳五年正月十一日付けで貿易改革案例、すなわち正徳新例が作成されている。

## 正徳新例の目録

正徳五年二月二十三日、大目付仙石丹羽守久尚、御使番石河三右衛門正郷らが長崎に到着し、正徳五年

正月十一日付けの正徳新例が、長崎奉行へ達せられた。通常、長崎奉行への下命は、江戸城において老中から在府の長崎奉行へ達せられたが、正徳新例の場合は、上使が長崎へ下向して現地において申し渡すという形式がとられており、幕府の意気込みのほどが感じられる。このときに、長崎奉行へ達せられた正徳新例の令書の一部は、現在県立長崎図書館に伝わっているが、同館に所蔵されている江戸からの令達や在府の長崎奉行からの通信受領簿である「御奉書御書付類目録」には、次のように新例の目録が記されている。

第一

一奉行中可相心得條々の御書付　壱通
一長崎御目付役被　仰付候付而奉行中可相心得候條々の御書付　壱通
一奉行所法制條々の御書付　壱通

第二

一長崎表廻銅定例の御書付　壱通
一唐船数并船別商売銀子割合定例之御書付　壱通

第三

一地下人に可申渡次第の御書付　壱通
一被下長崎地下人御草案　壱通

一御沙汰條々の御書付　壱通

第四

一唐人共ニ新例可申渡次第の御書付　壱通

一唐人共に可申渡書付の御案　壱通

一通詞共唐人との約條御草案　壱通

一通詞共約條ニ差添可出船数并一船之商売銀高定例の御書付　壱通

一奉行所より別ニ唐人共江可申付條々の御書付　壱通

一通詞共より可相渡割符之御草案　壱通

第五

一唐船入津の時定例の御書付　壱通

一商売の法定例の御書付　壱通

一唐船帰帆の時定例の御書付　壱通

一地下配分の法定例の御書付　壱通

第六

一阿蘭陀人に新例可申渡次第の御書付　壱通

一阿蘭陀人に申渡の御書付　壱通

一阿蘭陀人商売定例の御書付　壱通
一阿蘭陀人に可申渡別條の御案　壱通

第七

一去冬渡来唐船商売の事御書付　壱通
一右御書付品々の惣目録

土相模守殿
井河内守殿
一正月十一日　阿豊後守殿　御連名の御奉書　壱通
久大和守殿
松紀伊守殿
戸山城守殿

以上が仙石丹羽守久尚らによって、長崎奉行所に持ち込まれた正徳新例の全体を示す目録である。構成を見ると、第一が長崎奉行関係の規定、第二が長崎廻銅と唐船数・御定高関係の規定、第三が長崎地下関係の規定、第四が唐人へ新例を申し渡す初年度関係の規定、第五が唐船との貿易仕法と長崎地下配分関係の規定、第六がオランダ商館関係の規定、そして、第七が昨年から長崎に逗留している唐船の処置と新例の惣目録および長崎奉行久松備後守忠次郎・大岡備前守清相宛の老中連名（土井政直・井上正岑・阿部正

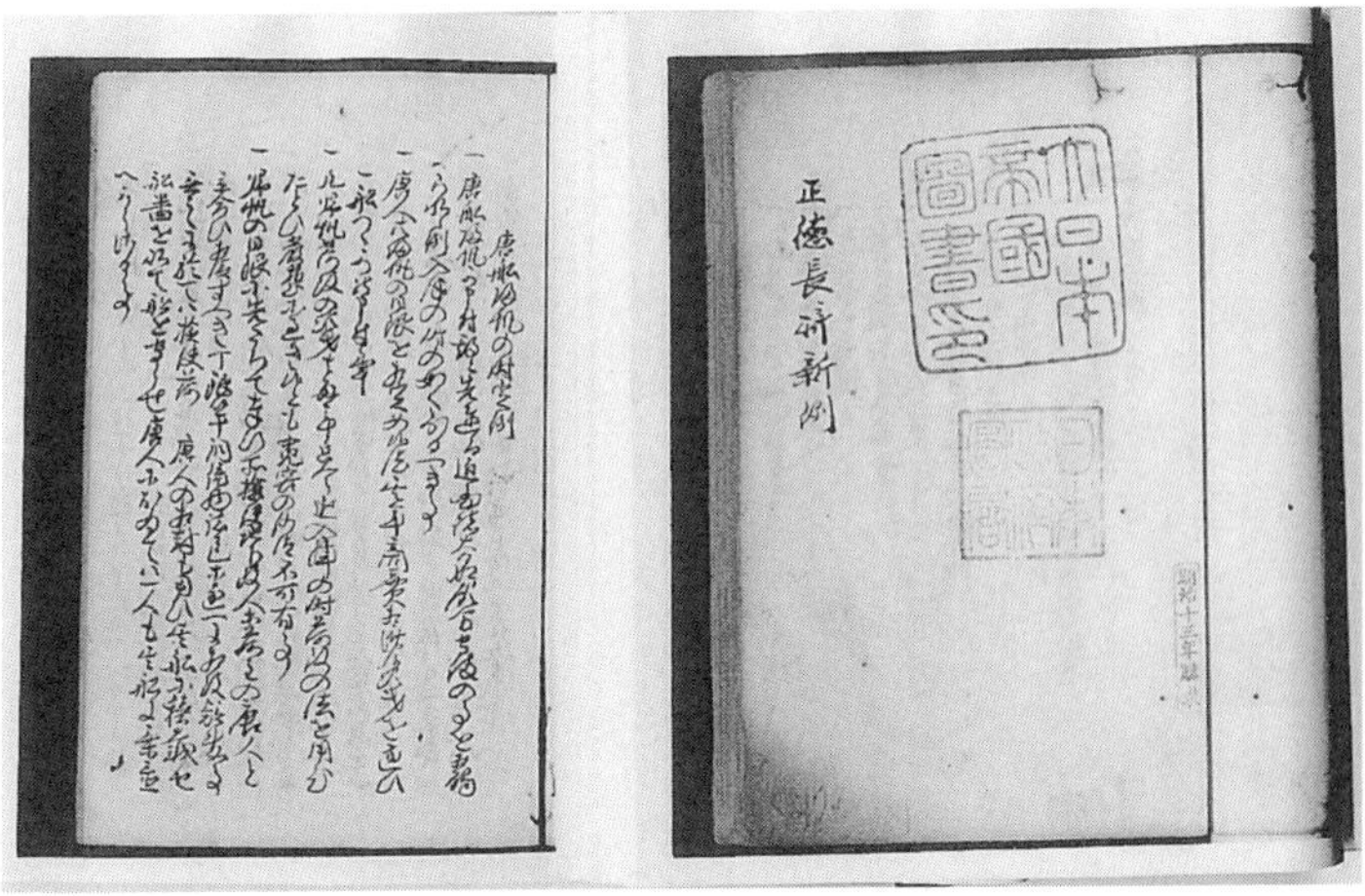


**「正徳長崎新例」**〈転写本〉（国立公文書館内閣文庫所蔵）

喬・久世重之・松平信庸・戸田忠真）の新例を申し渡すにあたっての奉書となっている。

## 正徳新例による長崎貿易の体制

### 長崎奉行関係

正徳新例は、長崎貿易の全体に関する基本法規であり、条文数がきわめて多いので、各箇条についての解説は紙幅の制約上、ここに書き載せることを割愛するが、まず、この新例によって形成された長崎貿易の体制に関わり、長崎奉行所による貿易の支配・運営に関する規定について見ておこう。

(1)　長崎奉行の定員・奉行所付き役人の補充および奉行所建物関係など

①　長崎奉行の定員をこれまでの三名から一名減じて二名とし、在府一名、長崎表勤務一名として、一年

交代の勤務とする。

②奉行所の人手が不足しているので、番船・町使を八〇人に増員し、うち二〇人を奉行所付きとする。役料は扶持一、四〇〇俵とする。なお人数不足の場合は、番船・町使の残り六〇人の中から補充すること。さらに不足の場合は、西泊・戸町両番所の番人を使用してよい。

③長崎には、立山奉行所と西奉行所の二ケ所に奉行所を設けていたが、奉行定員を二人としたので、奉行所を一ケ所とする。立山奉行所の地を二分して、一方に目付役所を置き、もう一方に今までの奉行所の建物を移築する。

④立山の建物は、奉行交代時の居所として使用し、これまで交代のときに安禅寺を居所としていたのを停止する。奉行所と目付役所が近い方が便利な場合には、目付役所は立山の建物を利用し、西奉行所を交代時の居所として使用してもよい。

この部分の規定で注目されることは、まず長崎奉行の定員を一人減じて二人としていることである。元禄十二年（一六九九）に、長崎奉行の定員が一人増やされて四人制とされた。しかし、この後、正徳三年（一七一三）に一人減員となって、三人制となっていたのを、さらに一人減じて二人制に改められたのである。長崎奉行の人的な構成は、奉行が江戸から連れて行く家老・用人・小姓・中小姓・祐筆・中間・小者・医師などと、長崎奉行所付きの給人（与力）・同心からなるが、この人数では手不足のため、長崎地下の者を奉行所で使っていた。長崎奉行の大岡清相が新井白石に宛てた手紙の中で、奉行の定数が増加されても、それに伴う役料が増加されない事情を書いている。そのため、奉行所で使う人数を地下方から雇用するのに難儀している事情にあるとしているので、支給される定額の役料を三人の奉行が分け合って使用するよりも、二人の奉行で分けた方が、一人あたりの取分が多くなるので、この方が長崎表の支配には有効であったものと見られる。そして、新例の施行にあたって、唐船の監視などに人数が必要なので、番船・町使の増加を図ったものと見られる。

そして、長崎目付の新設置が注目される。すなわち、奉行と目付役との連携による新しい長崎の支配体制が形成されたわけであり、目付による監視体制をとることによって、長崎奉行所員の引締めを企図したものであろう。また、この目付が、実は長崎奉行の役割を分担するところがあるので、奉行一人減の欠を実質的には補充されたことになっている。

また奉行定数の削減によって、奉行所の施設も別の用途に使うことが可能となり、これまで奉行交代時に宿所として安禅寺を使用していたが、この方式をとり止め、奉行の経費節約を図ったものと見られる。

(2)　長崎奉行所の法制など

① 奉行は、長崎表へ無用の家来を多数連れて行かないこと。旅中、平素ともに華美にしないこと。
② 長崎の公事（裁判・処罰）などを町年寄任せとせず、奉行所で裁断すること。
③ 公事訴訟など、すべて仕置のときに目付が立合うこと。
④ 長崎表の法制改革は、大事は幕府の指示を受け、小事は目付と相談のうえで行うこと。奉行が急病の

場合には、目付が代役を勤めること。

⑤奉行所の旧慣例を改め、諸事清廉に行うこと。

⑥公儀御金の保管は、目付と相封により交代のときに改めること。目付と相談のうえ、緊急の用で御金を使用した場合は、目付帰府のときに書付をもって江戸に報告すること。

⑦長崎表・九州筋に非常事態が発生したときには、目付と連判で江戸へ注進すること。連署は江戸の席順に準ずること。

⑧奉行から近国大名へ触書を発するときは、目付と連署のこと。

⑨奉行の西泊・戸町両番所の巡見は、目付と同道すること。奉行所にオランダ人を召し出すときは、目付を立合わせること。

⑩近国の大名と対面のときは、目付同席のこと。

⑪近国大名の長崎来訪のときの接待は平時の膳部を用い、奢侈はしないこと。家中の振舞の式もこれに準ずること。

⑫近国大名からの進物の受納は、これまでどおりとする。

⑬八朔の礼物の受納は、これまでどおりとする。そのほか、長崎地下人・諸国商人らからの進物はいっさい受けてはならない。奉行交代のとき、支度金に窮した場合には、公儀御金を貸す。

⑭内縁を通して申し入れてくる諸国商人らの話を聞き入れてはならない。

⑮奉行所・目付役所の修理は、奉行・目付相互検知のうえで行うこと。

これまで奉行家中の者の長崎市中出歩きを禁じていたが、これを解き、奉行所の門外へ出ることを許す。

⑰奉行帰府の際、家中の出入・買掛などについて、目付と相互に改め合うこと。

この部分においては、新たに設置されることになった長崎目付との関係の規定が中心となっている。長崎奉行の主要な公務の場には、目付を同席させて監視させる体制が形成された。長崎奉行職は、役得の大きい職としてよく知られているが、新例ではその職務上の粛正が、目付の設置により強く打ち出されている。

そのほか、②の規定などは、長崎表の事情がよく現れている。すなわち、長崎は元亀の町建て以来、町年寄の力がすこぶる強い所で、地下方に対しては、奉行所もさることながら、町年寄の睨みが何といっても強力であった。そのせいであろう、奉行も何かと町年寄任せのところがあったようであり、そのために、②のような規定が行われたものであろう。全体を通して、目付による長崎奉行の監視と、奉行所員の倹約や身を清廉に保つことなどに関することが規定されている。

(3)　奉行・奉行所の貿易関係

A　貿易一般関係

①抜荷の取締りを厳重に行うこと。

②唐船の入津・出帆時には、近国の大名に触を出して、監視を厳しく行わせること。
③輸入品の価格騰貴抑制に配慮すること。
④輸入価格の決め方について、唐人が長崎地下役人との値組法を希望する場合は、担当役人を置くこと。
⑤割符の印を保管すること。
⑥新例に規定されていない事柄は、従来どおりに処理すること。変革が必要な場合は、江戸へ具申すること。
⑦正徳五年度の処置として、昨年の運上金から一五、〇〇〇両を輸出品調達資金として貸し付ける。この貸付が毎年必要か否かを検討すること。

この部分で注目されることは、唐船との輸入価格の決定の方法について、入札法でも値組法でも唐人側の希望する方法によってよい、とされている点である。従来は、日本側としてはどちらかといえば、値組法の方が安価に輸入できたようであるが、新例では入札法でもよいという立場を示している。おそらく、先の大岡清相の意見に見られるように、掛り物（関税）率の調整によって、輸入価格のある程度の引下げが可能であるとする見通しのもとに、このように規定されたものと見られる。すなわち、掛り物の率を上げれば、日本側の輸入商人は、長崎会所へ払い込む掛り物が多額となり、結局、高価格で輸入した場合、市場へ出しても儲けが薄くなるので、輸入価格自体を低く定めようと努力するようになる。要するに、入札法によっても、高価格の入札を行う商人がいなくなる、と期待しているのである。

ほかには、唐船貿易に新たに割符（信牌）を利用することになったので、それに押す印鑑の保管が奉行所の仕事に加わっている。このほかは、従来行われてきたことの再規定である。

Ｂ　入津時関係

①唐船の入港には、定行路をとらせること。違反船は遠見番所から奉行所へ通報させ、取り調べのうえ処分すること。

②唐船入津時に、近国の大名に監視を強化するように触れ出すこと。

③唐船が港に投錨したなら、通事・番船を同伴して奉行所より検使を派遣し、出帆地・割符を調べ、割符所持のときには、割符・剰員数・貨物等の書付を徴し、従来どおり番船に警備させる。入津の唐船へ奉行所役人・通事を派遣し、逗留中に違法行為をしないことを記した証文を徴し、従来どおり切支丹禁令を申し聞かせる。

⑤割符所持の唐人には、当人が受けた割符でなくとも、出帆地の産物を舶載し一船の積高に違反していなければ、貿易を許可する。常年の出帆地の産物と異なる積荷であったり、低品質物・偽物などを舶載した場合には割符を没収し、再渡来を禁止する。

⑥新例に違反した唐人には、貿易を許可せず、割符を没収して、再渡来を禁止する。

⑦唐人の荷改めや唐船入津時の港内見回りに奉行所から検使を派遣するとき、目付の家来も同伴すること。

⑧荷改め・荷物の蔵納めは従来どおりとする。

⑨荷改めは厳重になり過ぎないよう、貨物を破損させないように配慮すること。

⑩唐人を唐人屋敷へ入れるのは従来どおりとする。

唐船の入津時の規定は、これまでと大きくは変わっていないが、新たに採用されることになった割符（信牌）の制度に関すること、および荷改めに関することが変更されている。すなわち、唐船の長崎入港のときに、奉行所から検使を派遣して、割符の改めを行うことが新たに加わっている。割符は正徳新例の遵守を誓った唐船に対して、その帰帆のときに発給される。それには、次回渡来の年月、出帆地などが指定されており、次回はそれに従って長崎に渡来することになるが、どの唐船に発給された割符でもよいから、とにかく割符を所持しており、当該船の出帆地の貨物を規定額を超過せずに渡来した場合には、貿易を許可するとしている。そのほか、新例の規定や日本の法に違反した場合には、おおむね次回渡来許可の割符を発給せず、再渡来禁止を申し渡して帰帆させることを規定している。

また、入津時の荷改めの軽減化が規定されている。唐船の入津時の荷改めは、抜荷防止をおもなねらいとして行うものであり、抜荷の防止は、正規のルート外による金銀の海外流失の防止を目的とするものであるので、そのためには、帰帆時の荷改めを厳重にすれば目的は達せられるわけであるから、入津時の荷改めは、あまり厳重にする必要がない、というのが宝永新例でも示されていたことで、白石の持論である。この入津時の唐船荷改めの軽減化について、長崎奉行は正面から反対していたが、正徳新例では白石の持論が通されている。

C　在留中関係

正徳新例では、この新例の規定をよく守り、日本の法によく従う唐人は、様子を見て長崎市中泊を認めることがあることを規定しているが、当面は従来どおり唐人屋敷に逗留させることにし、逗留中における唐人の必要品は、長崎地下役人に手配させ、勘定させることが規定されている。

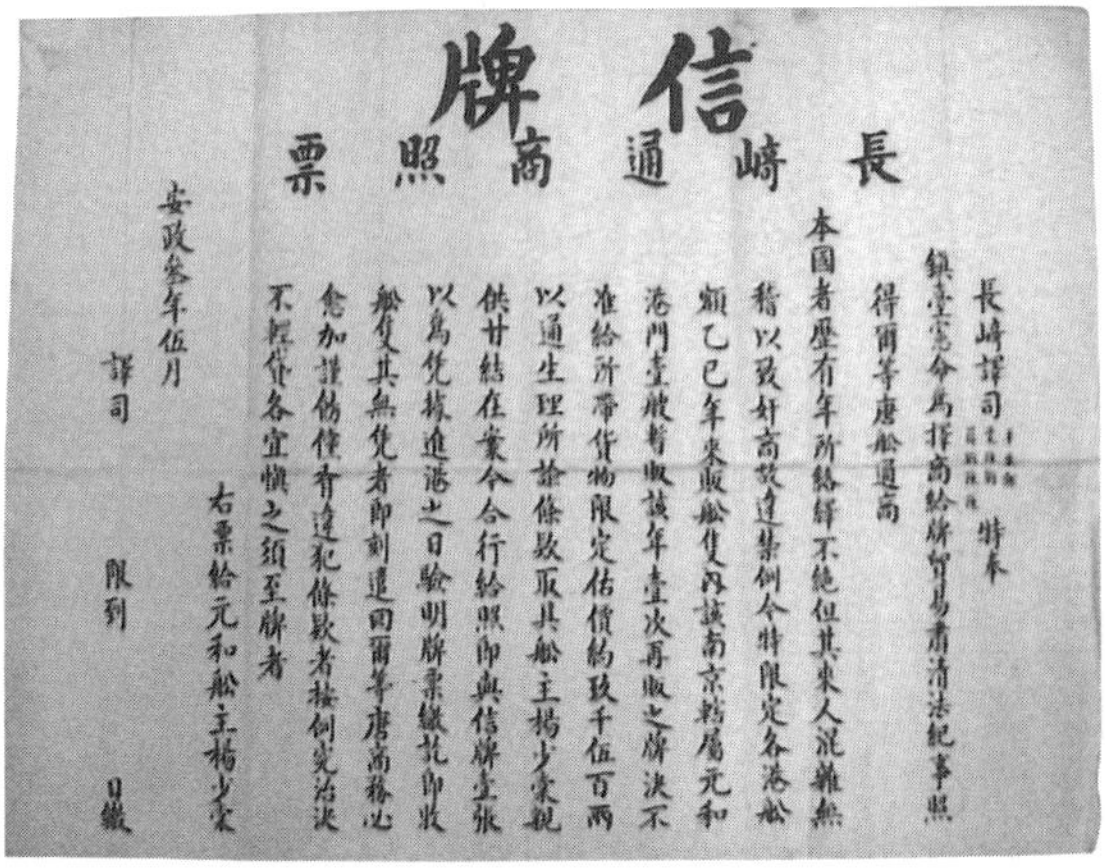


**信牌**（長崎市立博物館所蔵）

D　出帆時関係

① 厳重に抜荷を取り締ること。

② 唐船の帰帆時には、近国大名に監視を厳しく行わせること。

③ 唐人の帰帆期日は、貿易取引き終了次第、一船ずつ申しつけること。

④ 荷改めを厳重に行うこと。

⑤ 隠物が露見した場合には、それを没収し、割符を与えず、再渡来を禁じて即日帰帆させること。

⑥ 輸出品は、奉行所の検使・下役人が荷主の唐人立合い

のうえ逐一検査し、相封して船積みさせ、番船をつけて監視させ、出帆時まで唐人を乗船させてはならないこと。

⑦帰帆に先立ち、先払い船を出すことは従来どおりとすること。

⑧唐人屋敷から唐人を出して乗船させるとき、衣類・所持品等を逐一検査すること。船主の唐人を奉行所に召し出し、再渡来の割符を与え乗船させ、即日に帰帆させること。従来どおり見送り船を出すこと。

⑨唐船の帰帆には定航路をとらせ、違反船は取り調べのうえ処罰すること。

⑩一度出帆した船が天候不順等で長崎港に戻って来たときには、この事情を奉行所に断り、順風を待って帰帆させること。理由なく港内に停泊した場合には処罰すること。

唐船の帰帆時に関する規定では、新たに採用された割符（信牌）制度に関わること、荷改めなど唐人の改めを厳しくすることを決めているほかは、従来と大きな変更はない。すなわち、帰帆の改めで隠物をしていた唐人へは再渡来を許可する割符を与えない処置をとること、また帰帆に際し、唐人屋敷から船主の唐人を奉行所へ召し出して、再渡来の割符を与えることが規定されている。

荷改めについては、奉行所から検使・下役人を派遣して、輸出品を逐一改めること、出帆時まで唐人を乗船させないこと、乗船のために唐人屋敷から出るときの唐人の衣服・所持品の改め、出帆後の監視船の派遣、唐船の航路の指定、近国大名による唐船監視・抜荷取締りの徹底など、細かに厳しく規定している。

E　長崎地下関係

①奉行は、奢侈を禁じ産業を勧めて、地下民が貧窮しないよう配慮すること。

②長崎廻米を下々まで行き渡るように配慮すること。代金は後に返納させること。

③長崎地下民を生業に就かせるときに必要な費用を幕府から貸与する。下々の者まで職に就けるように取り計らうこと。貸与金の返済は従来の例によること。

④長崎地下の無用な役人、無駄な費用を削減し、地下配分金を増加させること。長崎の諸費用の吟味役を高木作右衛門に兼務させること。

②⑤長崎地下配分金を七万両とするが、これには公役料・借銀の利息等を含む。公役料を減らし借銀を停止して、地下配分金の増加を図ること。

⑥長崎地下配分金は、箇所・竈に応じて偏りなく配分すること。

⑦地下配分金の受領判形帳面を毎年長崎地下民に提出させること。

⑧長崎地下配分金に関わる会所役人らの不正は、後年に露見した場合にでも、きっと処罰すること。

地下落銀についても、毎年吟味し、違法があれば、後年に露見しても、きっと処罰すること。

この部分では、長崎奉行は地下民を生業に就かせ、困窮させないように取り払わなくてはならないとされており、そのための費用を運上金の中から貸与するとしている。また、長崎地下配分金はこれまでおり七万両を与えることを決めている。白石は、もともと長崎地下配分金については疑問を持っており、先の建議においては廃止の意見を述べているが、正徳新例では、ほぼ従来の線が打ち出されている。しかし、七万両の中には公役料などを含むこととされているので、以前よりはいくぶんの減少となったものと見られる。ただし、地下配分についての管理は厳しく行うことが規定されている。

(4) 目付関係

① 長崎表に目付一人を設置し、半年交代とする。
② 立山奉行所の地に目付役所を置く。
③ 目付は、奉行と共に運上金を管理し、員数を江戸に報告する。
④ 公儀御金を奉行と相封により保管し、交代のときに改める。緊急時に奉行と相談のうえで御金を使用したときには、帰府に際し報告する。
⑤ 奉行が緊急事態を江戸へ報告するときに連署する。
⑥ 奉行が近国大名へ触を出すときに連署する。
⑦ 奉行が近国大名と対面するときに同席する。
⑧ 奉行が西泊・戸町両番所を巡見するときに同行する。
⑨ 奉行所にオランダ人を召し出すときに同席する。
⑩ 奉行が仕置などで長崎地下人を召し出すとき同席する。
⑪ 長崎地下人が奉行所へ提出する書付・帳簿等は、目付役所へも提出させる。

⑬唐人の荷改めなどに奉行所が検使を派遣するときに、目付の家来を同伴させる。唐船入津・帰帆のときの港内見回りの際も同様とする。
⑬奉行の帰府に際し、家中の者の出入り・買掛けなどの改めを行う。目付の帰府のときには奉行の改めを受ける。
⑭長崎の諸事・奉行所のことなどにつき、幕府の尋問に答える。
⑮奉行所の修理の必要性について検知する。目付役所の修理の必要性については奉行の検知を受ける。
⑯奉行急病のとき、奉行を代行する。

正徳新例は、長崎貿易に関する幕府法を集大成したものであるが、この制定によって、新たに採用されたことがらはあまり多くない。これまで正徳新例がとり上げられるとき、もっとも注目されてきたことがらは、御定高や輸出銅高の規定についてであるが、しかし、これらは正徳新例の以前に考案された方法であり、正徳新例ではじめて採用されたものではない。正徳新例ではじめて現れたのが、この部分に見られる長崎目付の設置である。

長崎目付は一人制で、長崎表勤務で半年交代である。立山奉行所の地に、新たに設けられた目付役所に勤務する。主要な職務は、⑭に見えているように、長崎の諸事・奉行所のことなどにつき、幕府の尋問に答えることである。また、長崎奉行とともに、長崎運上金の管理、長崎・九州筋の緊急事態への対応、九州筋大名の応対、長崎港の警備、地下関係の公事、外国船の入津・帰帆時の監視などにあたり、さらに、奉行が急病のときに、これを代行するなどであるが、主としては、長崎奉行の監視である。
以上が、正徳新例に見られる長崎貿易管理・運営に関する規定の主なものであり、ここで最も注目されるのは、長崎目付の設置によって、長崎表における奉行の監視体制が敷かれた、ということである。

これまでは、長崎の支配は貿易関係のことを含めて、老中の下命に従って、長崎奉行が行ってきた。その長崎奉行による支配の監視として、寛永中期以来複数の奉行を置くことによる相互監視および幕府巡検使の派遣、あるいは必要に応じて上使を派遣することが行われてきた。しかし、毎年きわめて大きな金が動くことから、奉行らの不正に関わる疑惑がいつも存在するような状況にあったものと見られる。結局、長崎目付を設置して長崎表に常駐させ、しかも半年という短期交代制を敷き、奉行の主要な行動にはつねに目付を同伴させることを規定しており、長崎支配の監視としては、かつて見られなかった厳しい措置が講じられている。もっとも、目付を設置すると、こちらの不正も心配となるわけで、奉行と目付の相互監視の体制が敷かれたのである。

正徳新例自体に、長崎目付の必要性についての説明が見られないので、この設置の理由については状況判断によらなければならないが、おそらく、宝永新例に対する長崎奉行の答申などを見て、白石は長崎奉行の監視の必要性を見て取ったのではなかろうかと、推察される。

次に注目されるのは、唐通事が交付する割符（信牌）を使用することによって、唐船の渡来をコントロールする新策を講じたことである。この割符は、貿易取引きの許可、渡来船数の規制、唐船の出帆地、積荷高の指定などの効能を有する。従来は、渡来の唐人が抜荷などを行っても、せいぜい再渡来の禁止を申し渡すくらいの処置しかできなかった。しかし、これも申し渡すだけであって、このことによって実際の再渡来が不可能になったかというと、必ずしもそのようにはならない。結局、不徹底な処置しかとり得なかったのである。一方、抜荷などにおいては、日本側の者には、厳罰が下されたわけで、白石などはこの違反者双方に対する公平さを欠く処分のあり方には、大いに疑問を投ずるところがあった。この点からも、何か効果的な対策が必要とされていた状況であった。

また、白石の貿易経営の持論は、日本で自給できない本当に必要とされる品だけを輸入し、なければないですむ品物は輸入すべきでない、とするものであった。この持論に立てば、長崎入津の順に取引きをさせていくなどはもってのほかのことであり、必要な品を効率よく確保するには、唐船の出帆地別の船数をコントロールする必要があったのである。このために公験（信牌）を発給して商売高をも合わせて規制することは、宝永新例にすでに現れているが、白石の実現したい懸案の一つであったものと見られる。

### 貿易仕法関係

次に、新例によって示された貿易仕法に関わることがらについて見ることにしょう。

#### (1)　長崎会所関係

①長崎会所は、主として貿易の金銭出納を司る機関であるから、法を正しく立て、公私混同があっては

ならない。奉行は諸事にわたって吟味し、改正すべきことを指示して、違反者を厳罰に処すること。

②長崎会所目付を必要とする場合は、長崎地下役人の中から選任すること。

③昨年の運上金のうちから金一五、〇〇〇両を輸出品調達資金として貸しつけること。

④大坂銅吹屋へ銅代・手間賃等を滞りなく支払うこと。

新例では、長崎会所という機関名をあげてその規定を示している箇条は、右に示したのがおもなもので、その果たす役割に照らして数的には僅少である。長崎会所目付を置く必要があれば、長崎地下役人から選任せよ、と規定しているが、ここの長崎地下役人とは、結局は長崎町年寄のことである。金一五、〇〇〇両の輸出品の調達資金は、おもに棹銅と俵物の調達にあてられるものであろう。このほかには、大坂銅座への支払いを滞らせないことという規定が見えているくらいであり、そのほかの長崎会所に関する規定は長崎奉行の裁断に任された形になっている。すなわち、商業的な側面についての規定は、老中や白石の段階でこと細かに決めることをせずに、長崎の貿易現場を司る長崎奉行に任せるということのようである。長崎会所に関する幕府の最も関心のあるところは、その会計と利益銀の管理に関わることであり、これらの点については、ほかの箇条で取決めがなされている。

(2) 唐船関係

A 御用物の買付け

・御用物選びは、従来どおり行うこと。

B　輸入価格の決定方法

①唐人の希望通り入札法でも値組法でもどちらでもよい。値組法による場合は、長崎地下に担当の役人を置くこと。
②唐人の希望により、入札法でも値組法でもよいが、一度どちらかに決めたなら、後の変更を認めない。
③輸入価格の決定方法について、改変を必要とするときは、奉行が宜しく議定すること。
④白糸・端物・薬種等の輸入価格は、入札法によろうが値組法によろうが、騰貴しないように配慮すること。諸国商人の売り出す価格も下がるように処置すること。

ここでは、御用物と唐人との輸入価格の決定方法について取り上げた。御用物はいうまでもなく幕府の買い上げる品のことであり、幕初においては、長崎奉行が直接買上げを行っていたが、寛文二年（一六六二）に長崎表に御用物方が置かれ、この支配のもとで輸入された。その輸入方法については変遷が見られるが、正徳新例の直前では、御用物方は長崎町年寄の高木清右衛門が担当しており、毎年十月から十一月頃に、老中から長崎奉行所へ翌年分の注文が伝達され、奉行から御用物方にそれが告げられて、調達の準備に入る。品物は、「定式御用物」といわれ、毎年決まった品が購入される。これは、砂糖・砂糖の漬物・龍眼肉の三種である。ほかにその時々に必要とされる物が購入されるが、鮫皮・伽羅・書物・反物の類が一般的である。それぞれの品について、専門の目利が置かれ、普通は商人の貿易取引きに先達って、御用物選びが行われた。御用物の購入には、掛り物（関税）が掛けられていない。正徳新例では、この御用物の購入は、従来どおりせよ、とされている。

唐船との輸入価格の決定方法は、唐人の希望に従い、値組法でも入札法でもよいが、どちらか一方に決めたなら、後の変更を認めない、としている。なお、輸入価格決定の方法を変更する必要がある場合は、奉行が方法を決めるように規定されている。そして、奉行は輸入価格が騰貴しないように取り計らうべきことが、規定されている。

C　関税

・「除物（のぞきもの）」と称して、定掛り物による値段で輸入を行っているが、これは長崎地下のためにならないことであるから停止か数を減らすか、検討すること。

関税に関しては、「除物」についての規定が一条見られるのみである。貿易取引きに関税を掛けない方がよい、とするのが白石の持論であり、商人に税を課すること自体が政治的に下等な策であり、加えて、この関税は、結局は、長崎地下へ与えることになるが、長崎の者は、労なくしてこのような金銭をあてにして奢侈化したり、反対に労働をしない癖がつき、生活苦に陥る者もあるので、よくないことである、というのである。新例では、「除物」については、減額するか停止する方向で、その決定を長崎奉行に任せている。

D　唐船数・御定高・銅輸出高

①一年間の貿易唐船数を三〇艘、御定高銀高六、〇〇〇貫目、銅輸出高を三〇〇万斤までとすること。

② 出帆地別船数・一船商売銀高を規定する。一船の定額に超過すること銀高三〇貫目迄の貨物は「代物」を対価として商売を許可するが、銀高三〇貫目を超過する場合は、新例施行に関して、唐人と取り交わした「条約」に従って処置すること。

一般に、唐船数・御定高・銅輸出高についての規定が、正徳新例の最も重要な規定のように扱われている。金銀銅の輸出規制が長崎貿易に対する幕府のもっとも重大な課題であったから、当然ともいえるが、しかし、御定高の制度は貞享二年（一六八五）以来すでに三〇年来行われてきた制度である。しかも、新例による唐船御定高は銀高六、〇〇〇貫目とされており、これはこれまでと変化のない同額の規定である。したがって、新例における唐船貿易額に関わる改定で注目されるのは、御定高の規定ではなく、元禄期に御定高以外に設定された銅代物替、俵物諸色替による追御定高・金線代物替等が廃止されたという点である。御定高の枠外に特設されたこれらの貿易が廃止となった理由は、輸出品の欠乏によるものである。また、唐船御定高が以前と同額の線が保たれたのは、銀高六、〇〇〇貫目に見合う輸出なら可能である、と判断されたからであろう。そして、以前の宝永新例で出した白石の唐船御定高は、銀高三、〇〇〇貫目を限度とするものであったから、その二倍の額に白石が妥協しているのである。宝永新例の唐船御定高については、長崎奉行はまったく問題外の少額という答申をしているし、実際には、銀高三、〇〇〇貫目にしたなら、輸入品の不足が問題化し、また、市価の騰貴が顕著となることが容易に予想されたのであろう。

次に、唐船数の規定は年間三〇艘迄としている。船数の規定は、元禄元年（一六八八）に年間七〇艘迄とされたことにはじまるから、すでに二七年以前から行われている制度である。元禄十一年（一六九八）追御定高二、〇〇〇貫目が増設されたが、この分として唐船一〇艘が増加され、合計八〇艘とされた。正徳新例では、これが三〇艘に減じられたのであるが、その理由は、抜荷の発生を防止しようとしたことによる。すなわち、唐船御定高六、〇〇〇貫目を七〇艘に割り付けると、一艘あたり銀高八六貫目弱である。一艘あたりわずかに銀高八六貫目弱しか貿易ができないのでは、唐船は商売にならない。したがって、多量に発生した積戻し荷は、密貿易で売り捌くことになるのである。

この対策として、一船の積荷を全部買い取り、積戻し荷を出さないことが密貿易防止の良法と考えられた。白石は、宝永新例では、唐船一艘の積荷高を銀高三〇〇貫目まで、これに事情により超過を認めるとしても銀高五〇貫目までとし、唐船一船の最高限度額を銀高三五〇貫目までとしているが、正徳新例では唐船一艘平均銀高二〇〇貫目としている。元禄元年に唐船数七〇艘と規定したときに、口船（寧波や南京など比較的日本に近い港から出帆して来る唐船）一艘の積荷高を銀高二〇〇貫目、奥船（東京や広東など比較的遠い港から出帆して来る唐船）銀高三〇〇貫目と規定していたから、新例では元禄元年の口船の規定額が踏襲されたわけである。

問題は、年間渡来唐船数三〇艘まで、一船積荷高銀高二〇〇貫目とする規定が、現実に守られるか否かということであったが、新例の構想は、唐船渡来数については割符（信牌）制度の導入によって徹底を期し、一船積荷高については日本における舶来品の標準価格を唐人にあらかじめ知らせておき、超過して持ち渡らないように指導して、違反船については再渡来禁止の措置をとることによって徹底を期するというものである。そしてさらに、密貿易の取締りを徹底させる態勢で臨むことを規定しているのである。

なお、新例では、唐船については出帆地別に船数が割り振られている。南京〔七艘〕、寧波〔五艘〕、台湾〔四艘〕、広東〔二艘〕、普陀山・温州・丹山・福州・漳州・柬埔寨・広南・暹羅・咬𠺕吧〔各一艘〕とされている。地域的には、かなり広範囲にわたっており、各地域の産物を広く輸入する目的と、従来の渡来状況によって、いちおうこのような割振りとなったものであろう。しかし、出帆地によっては、日本の必要としている産物がない場合があり、そのような場合には、必要によって他出帆地の船に振り替えてもよい、としている。

銅輸出高の規定は、唐船に対しては年間三〇〇万斤までとしている。元禄十年（一六九七）の銅の輸出実績をもとに、幕府は翌十一年より唐船には年間六、四〇二、〇〇〇斤を輸出するように規定したが、この額の輸出はほとんどできていない。元禄十四年に大坂銅座を設置し、銀座の加役として幕府直営的に長崎廻銅を企図するが、これも銅の価格騰貴によって本来の機能を発揮することができなくなり、正徳二年（一七一二）に廃止されている。この後、長崎廻銅は、また銅吹屋に命じられるが、地売り銅の価格が急騰し、長崎廻銅の確保が困難を極める状況で、唐船に渡すべき銅が長崎に廻着せず、唐船は予定どおり帰帆することができずに、長崎で越冬するはめに陥るなど、長崎貿易の渋滞が慢性的になる状況であった。

宝永新例で、白石は、銅の輸出高について具体的な数値を出していない。この後の長崎奉行大岡清相の意見書（正徳三年〈一七一三〉十二月）では、唐船御定高六、〇〇〇貫目に対して銅輸出高一五〇万斤としているので、これに比較すれば、正徳新例の規定額は二倍に増やされている。銅の集荷については主要鉱山に所定の産出額を割り付けて、大坂の銅吹屋へ回収して棹銅に製造し、長崎へ廻す方法をとっている。

E　輸出入品

①輸出銀は従来のものを渡すこと。新銀への切替えのときは重ねて沙汰する。
②（銅の輸出高の規定は、前項参照のこと）
③蒔絵道具・真鍮道具・流金細工の輸出は、これまでどおりとする。
④銀道具の輸出は禁止する。
⑤薬種を確保すること。
⑥その年に諸国から集荷した「代物」は、その年に輸出してしまうこと。

銀の輸出は極力押さえられているが、やむを得ず輸出する場合には、これまでどおりの銀貨を当て、新しく鋳造した銀貨に切り替えるときは、追って、そのときに通知するとしている。元禄の貨幣改鋳によって質の低下した銀貨による支払いは、唐人側が受取りを喜ばず、結局、銅などの品物に替えて持ち帰ることを希望していた。幕府は、正徳四年に、銀貨を慶長丁銀の品質に戻しているが、新例では、唐船への支払いには、これまでのとおり元禄丁銀を用いることにしている。これは正徳新銀の鋳造状況との関係があってのことと思われるが、外国へ持ち去られるのであれば、どちらかといえば、低品質の元禄丁銀の方が幕府にとって具合がよかったのに違いない。国内的には、幕府は再三にわたって新旧金銀の交換について触を出し、新金銀の使用促進を命じているが、貿易の場にはその姿勢が薄い。

輸出銅については前述したが、銅の他に「代物」の輸出促進を図っている。ここにいう「代物」は、俵物（干鮑・鱶鰭・煎海鼠）と昆布・鶏冠草・鯣・天草などの海産物のことである。新例では、唐船の積荷が規定額を超過している場合には、一船につき銀高三〇貫目迄の輸出を許可するとしているが、この分には「代物」を対価とすることを規定している。

これに関しては、先に幕府は元禄十一年（一六九八）から追御定高銀高二、〇〇〇貫目を設定したとき、この対価を俵物・諸色としたが、これに備えて、翌同十二年に町年寄の久松善兵衛を俵物・諸色支配に任じ、その下に俵物総問屋・俵物大問屋・俵物小問屋を置き、俵物諸色の集荷機構を整備している。この後、幕府は輸出品として、銅のほかに俵物・諸色の集荷に、ますます力を注ぐようになる。新例では、追御定高銀高二、〇〇〇貫目を廃止したが、この分の俵物・諸色は結局は御定高の決済にあてられ、銅の欠をこれで補うことにしている。ただし、この海産物の俵物・諸色は保存上の問題もあるので、その年に集荷した分は、その年に輸出してしまうことを規定している。

輸入品については、白石の持論は生活上になくてすむ物は輸入せず、どうしてもなくては困るという物に限って輸入すればよい、とするものであり、どうしてもなくては困るものは薬種であるとしている。したがって、前述した唐船の出帆地別の割振りにおいても、薬種の入手が可能なようにすることを命じている。

F　その他

①再渡来を許可する唐船には、唐通事より割符を発給する。
②割符持参の唐船は、積荷が定額通りであれば、荷改の後、入津の順に従って商売を開始させる。
③唐人が「約条」に違反した場合は、割符を没収し再発給を行わず、再渡来を禁止する。
④割符を与えた唐船が海難などに遭った場合は、渡来する唐船が年間来航の規定数を割るようになるので、その場合は割符の発給を調整する。
⑥日本の法を遵守している唐人には、その実績を見て長崎町宿を許す。
⑦唐人への支払いの方法は従来どおりとする。
⑧去年から逗留している唐船は、去年分の貿易として取引きを行わせること。

唐船貿易の制度として、新例が新たに導入したことは、割符（信牌）の使用によって、唐船の渡来を統制しようとする方法である。唐船貿易に関して、渡来船数、御定高、一船の積荷高、銅輸出高、さらに出帆地別の船割りなどの規定を整備したものの、これらの規定を唐船に遵守させることができるか否かが、新例の最重要課題であった、といっても過言ではない。そのために用意されたのが信牌の制度である。

すなわち、正徳五年（一七一五）に長崎に渡来した唐人に正徳新例を申し渡し、以後、この新例による貿易取引きに従うことを誓約した唐人（船頭）に対して、再渡来の許可を保証した証書（信牌）を与えることにしたのである。信牌は唐通事の名で発行し、次回渡来の年が指定されており、その指定する年以外に渡来しても貿易は許可しない、というのである。このようにして、一年に平均三〇艘が長崎に渡来するようにコントロールしようというのである。この制度がうまく運べは、これ以降の長崎貿易はかなり順調に行くはずである。ただし、信牌を持たない唐船が渡来した場合には、やはり問題が残るのである。すなわち、信牌不所持の唐船に対しては、そのときの事情によって、貿易取引きが可能な状況の場合は輸出を許可する余地を新例では残しているが、通常は再渡来禁止を申し渡して、積み戻らせる以外に方法がないのである。強硬な手段としては積荷を没収することになるが、これは現実的なものではなかったであろう。積戻しの場合には、いぜんとして密貿易の心配が残っており、したがって、信牌の制度においては唐船側のモラルに期待するよりない部分が残されていた。

ほかに、新例に従順な唐人には御褒美的なこととして、長崎町宿（市中泊）を許可する用意のあることを規定している。元禄元年（一六八八）に唐人屋敷が設けられる以前には、渡来唐人は宿町制度によりながら市中泊を行っていた。唐人屋敷ができてからは、帰帆までそこに収容されたが、こちらは市中泊に比べると面白味に欠け不人気であった。そこで、俗っぽくいえば、これをネタにして唐人が新例に従順になるように仕向けようというのである。新例に背く者には積戻し・再渡来禁止の鞭を、従順な者には市中泊の許可や次回渡来年を早めるなどの飴を用意した、ということなのであるが、どの程度のことが期待できたのであろうか。

(3)　オランダ商館関係

①一年間の取引き船数を二艘、御定高を銀高三、〇〇〇貫目、輸出銅高を一五〇万斤とする。諸色買物代一二〇貫目、出島残金を一〇〇貫目余とする。この残部を金で渡す。

②オランダ商館との貿易で肝要なのは、金の輸出量を減少させることである。新例よりも効果的な方法があれば、長崎奉行が議定してよい。

③輸入価格の決定には入札法を用いてはならない。

④金銀の両替値は、これまでの例による。

⑤正徳小判を渡し、新金への切替えは追って沙汰する。

⑥輸出品の価格は時価による。

オランダ商館に対しては、まず年間船数を二艘と規定している。オランダ商館に対する船数の規定は、元禄十四年（一七〇一）から年間四・五艘とされていたが、この規定は唐船のようにきっちりしたものではなかったので、新例によるこの二艘とする規定がオランダ商館のきちんとした船数規定のはじめてのものである。オランダ商館との場合は、唐船とは事情が異なり会社相手の貿易であるから、一艘あたりの積荷高がどうであるかは、とくに問題となるところではなかった。したがって、このオランダ商館に対する船数規定の意図するところが明確さを欠いている。唐船に揃えたものか、あるいは渡来船数を少なくした

**オランダ船図**（「長崎聞見録」より）

方が長崎港における管理上便利であったものか、そのあたりの理由ははっきりわからない。白石の宝永新例では、オランダ船の定数を一艘とし、その積荷高を唐船五艘分と見積もっているから、この延長上で規定されたものかもしれない。

そして、オランダ商館の御定高は銀高で三、〇〇〇貫目とされているから、こちらも貞享の御定高の線を踏襲したものである。

また、御定高三、〇〇〇貫目に対して輸出銅高は一五〇万斤と規定されているが、唐船は御定高六、〇〇〇貫目に対して銅輸出高三〇〇万斤とされているので、唐蘭ともに御定高と銅輸出高の比率は同率とされている。

そして、オランダ商館との貿易においては、金の輸出量を減少させることが肝要であるので、その方法についても当新例よりもよい方法があれば、長崎奉行の裁断で議定してよいとしている。オランダ商館について見ると、銅一五〇万斤は大体銀高二、〇〇〇貫目を出るくらいの額であるから、御定高の残り銀高一、〇〇〇貫目ほどに相当する支払いを、金と若干の諸色および遺捨（船舶の修理費や船員の長崎滞在中の費用）で決済することになる。したがって、金の輸出高は多く見積もっても銀高一、〇〇〇貫目を出るものではない。

ちなみに、正徳新例発令前後期のオランダ商館が出島から持ち出した金の状況を見ると、

| | | | |
|---|---|---|---|
| 正徳三年 | 三艘 | 金高　一九、八五五両 | （銀高　一、一九一貫三〇〇目） |
| 同　四年 | 三艘 | 金高　一八、八九七両 | （銀高　一、一三三貫八二〇目） |
| 同　五年 | 三艘 | 金高　一五、九三〇両二分 | （銀高　九五五貫八三〇目） |
| 享保元年 | 二艘 | 金高　一三、六二一両二分 | （銀高　八一七貫二九〇目） |
| 同　二年 | 二艘 | 金高　一一、六九三両三分 | （銀高　七〇一貫七二五匁） |
| 同　三年 | 二艘 | 金高　一二、五八五両一分 | （銀高　七五五貫一一五匁） |

およそ以上のようであって（『阿蘭陀船商売覚帳』）、正徳新例後は船数二艘に対して、一一、〇〇〇両から一三、〇〇〇両程度（銀高で七～八〇〇貫目程）の小判の輸出となっている。

ほかに、オランダ商館に対しては輸入価格の決定方法について、これまでの入札法を禁止し、値組法によることを規定している。唐船に対する処置と随分異なっており、厳しい姿勢が見られる。

(4)　一般貿易関係

①昨年の運上金の中から輸出品の調達資金として金高一五、〇〇〇両を貸しつける。例年輸出用の「代

物」（俵物・諸色など）を長崎に出荷して来る領主の役人を通して、出荷者へその代銀を前貸しすること。回収した「代物」は長崎会所の役人が価格を立てて唐人へ売り、前渡し分の返済にあたること。以降、この「代物」調達資金の貸付けを行うか否かは、追って目付から伝える。「代物」は、買付け価格は代銀前渡しであるからという理由であまり安く買い叩くと、集荷が悪くなる恐れがあるので、気をつけること。集荷した「代物」は、次年の輸出に回せないから当年輸出してしまうこと。

② 一年間の貿易船数は、唐船三〇艘・オランダ船二艘とする。

③ 御定高は銀高九、〇〇〇貫目とし、唐船銀高六、〇〇〇貫目、オランダ商館銀高三、〇〇〇貫目とする。

④ 一年間の輸出銅の定数を四〇〇万斤から四五〇万斤までとし、唐船方三〇〇万斤、オランダ商館方一五〇万斤とする。

ここには、貿易一般に関わる規定を集めたが、②③④については前述した。①では輸出品の「代物」に関しての規定が見えている。すなわち、「代物」については、前述したように海産物のことであるが、幕府はおもに唐船への輸出品として、この海産物に注目している。後には俵物役所を設けて、輸出海産物については幕府の専売体制の下に置かれることになるが、正徳の段階ではまだそこまでは行われていないけれども、この集荷の方法として、海産物を扱う問屋に輸出海産物の代金を前貸しすることによって、その順調な集荷を企てているのが注目される。

輸出品としては、いぜんとして銅に期待するところが大きいのであるが、この俵物・諸色の海産物も、かなりの期待が寄せられることになる。

## 正徳新例による貿易対策の特徴

六代将軍家宣に登用された新井白石は幕政のいろいろな部門で活躍しているが、長崎貿易においては、宝永六年（一七〇九）四月一日のいわゆる「白石上書」、翌七年三月晦日のいわゆる「宝永新例」を経て、正徳五年（一七一五）正月十一日のいわゆる「正徳新例」を成立させている。すべてが白石の業績というわけではなく、大岡清相ほかの長崎奉行などの努力によるところでもあるが、白石が長崎貿易の改革のもっとも強力な推進的存在であったことは疑いがなく、着手より六年間を費やして成立させたのが「正徳新例」である。

正徳新例は、全体としては長崎貿易に関するなかなか膨大な法規であり、考察すべきいくつもの側面を有しているが、ここでは、もっとも注目される貿易体制にかかわる特徴についてまとめておくことにする。この要点は次のようである。

①御定高は、貞享二年（一六八五）に同制度がはじめて採用されることになったときに決められた額と同額の線—銀高九、〇〇〇貫目（唐船六、〇〇〇貫目・オランダ商館三、〇〇〇貫目）—が打ち出された。

②元禄中期以降に、御定高の枠外に設定された合計で銀高七、〇〇〇貫目を超す代物替貿易がすべて廃止された。正徳新例では、貿易額に関しては実質的にはこの部分の取引きがこれまでより減少したわけである。

③唐船については、年間渡来船数が三〇艘までと規定された。唐船については、以前は御定高六、〇〇〇貫目に対して船数七〇艘とされていたから、半数以下に減じられた。これは、すでに宝永新例に見えているように、密貿易対策として積戻し荷の発生を防ぐ意味で船数は減少させるが、渡来唐船の積荷はすべて買い取る方式を導入した結果であり、新例で新しく行われることになった制度の一つである。

④唐船については、一艘の積荷高を銀高二〇〇貫目までと規定している。この一艘あたりの積荷高の規定は、船数の規定の制度を採用した元禄元年（一六八八）から見られるが、唐船の積荷高は、長崎で積荷に輸入価格がつけられてはじめて確定されるもので、それまでは明確にならない性格のものであったため、唐船側としては守りにくい規定であった。新例ではこの点について、日本市場における舶来品の標準価格をあらかじめ唐人に知らせておき、それを基準にして積荷を整え長崎に渡来するように改良している点が注目される。

⑤輸出銅額が四五〇万斤（唐船方三〇〇万斤、オランダ商館方一五〇万斤）までと規定された。元禄十一年の規定額八、九〇二、〇〇〇斤をおよそ半減した額である。

⑥唐船については、出帆地、貿易額、渡来年を割符＝信牌の制度によってコントロールする新たな方式を採用した。すなわち、信牌は唐船の出帆地、貿易額、受領者名などを指定し、次回渡来の年を指定して、唐通事の名・印をもって発行した長崎貿易の許可証票であり、新例を遵守することを誓った唐人に対してのみ発給したもので、以後、これを所持しない唐船には長崎に渡来しても貿易を許可しない、としたのが信牌の制度である。

⑦オランダ商館に対しては、輸入価格決定の方式について従来の入札法を禁じ、値組法によることに改定したほかは、とくに大きな変更は見られない。

正徳新例の貿易運営に関わる主要点はおよそ以上の点であり、御定高、渡来唐船数の限定、唐船一艘の積荷高の限定、銅輸出高の規定などは、すでに以前から行われてきていた制度であり、この制度自体にはとくに目新しいところはないが、新例では、これらについて元禄期にとられた拡大（増加）の方向をとり止めて削減したところに一つ特徴がある。

正徳新例で新たに採用された制度として注目されるのは、日本市場における舶来品の標準価格を唐人に知らせ、これを目安にして一船の積荷高の規定を守らせようと工夫したこと、唐船一船の積荷をすべて買い取ることにし、密貿易（抜荷）発生防止の対策をしたこと、および割符（信牌）制度の採用によって、御定高、渡来唐船数、唐船一艘の積荷高、唐船の出帆地などの規定を唐船に遵守させる方式をとり入れたことくらいである。

そして、長崎および長崎貿易の管理・運営面について、新たに長崎目付を設置し、長崎奉行との相互監視体制を導入したことが注目される。

## 正徳新例後における長崎貿易の展開

正徳新例の制定によって、長崎貿易は以前に比べて、より組織的に運営される体制が整えられたが、この後、新例がどのように展開されていったかについて概観しておこう。

すなわち、正徳新例による貿易運営の骨格は、御定高、渡来唐船数の限定、唐船一艘の積荷高の限定、輸出銅高の規定と信牌の発給によるこれらの統制を中心として構成されていた。結論的にいえば、正徳新例に基づく長崎貿易の運営は、御定高、渡来唐船数の限定、唐船一艘の積荷高の限定、輸出銅高の規定などを、その時々の事情に見合わせて調整していくということにほかならない。そして、その調整は貿易決済品、すなわち輸出品の調達の状況によって行われるものであったことは指摘するまでもないことである。

正徳新例制定後のこの調整の状況の概略は次に示すようであって、増減の波はあるものの、大局から見れば減少の一途をたどるのである。すなわち、金銀の産出は次第に減少し、貨幣の鋳造量が以前にもまして増加することはなかったから、金銀貨による貿易決済の促進はまったくなく、果ては金銀ともに輸入する状況へと変わっていく。次に期待される輸出品は銅であったが、著しく好転することはなく、次第に先細りとなっていく。俵物・諸色は、幕府の専売制にして集荷を企図するけれども、正徳新例の御定高九、〇〇〇貫目を決済できる状況にはほど遠い実情であった。したがって、新例の骨格は幕末に下るにしたがって、次第に崩れていくことになるのである。

享保　二年（一七一七）　唐船一〇艘、御定高二、〇〇〇貫目を増加する。
同　　五年（一七二〇）　唐船一〇艘を減じ、三〇艘とし、御定高四、〇〇〇貫目、有余売を銀高七〇〇貫目に半減する。オランダ方御定高二万五千両、輸出銅高を一〇〇万斤とする。
同　十四年（一七二九）　有余売を雑物替と改称し、今魚町に同会所を設置する。
同　十八年（一七三三）　唐船を一艘減じ、二九艘とする。口船一艘に丁銀九五〇目を渡すことにする。オランダ方御定高銀高一、一〇〇貫目とする。
同　十九年（一七三四）　雑物替会所を廃止し、その業務を長崎会所にとり込む。長崎会所が元方会所と払方会所の二部構成となる。
元文　元年（一七三六）　唐船数を二五艘とする。
同　　三年（一七三八）　ふたたび銀座加役の大坂銅座を設置する。
同　　五年（一七四〇）　唐船数を二〇艘とする。
寛保　二年（一七四二）　唐船数を一〇艘とし、輸出銅高を一五〇万斤とする。蘭オランダ方御定高を銀高五五〇貫目、脇荷物銀高五〇貫目、輸出銅高六〇万斤とする。

寛保　三年（一七四三）　唐船に二〇艘までの貿易を許す。御定高を銀高二、〇〇〇貫目とする。俵物・諸色による銀高一、〇〇〇貫目の貿易を許可する。
延享　元年（一七四四）　大坂銅座の一手買い上げを改める。下請け商人八人に俵物の集荷を独占させる。
同　　三年（一七四六）　オランダ方船数二艘、御定高銀高八〇〇貫目、脇荷物銀高一〇〇貫目、輸出銅高一一〇万斤とする。唐船数を一〇艘、輸出銅高を一五〇万斤とする。
寛延　二年（一七四九）　唐船数を一五艘、御定高を銀高四、〇五〇貫目とする。
同　　三年（一七五〇）　大坂銅座を廃止し、大坂に長崎御用銅会所を建て、輸出銅を長崎会所の直接買入れにする。
明和　二年（一七六五）　唐船数を一三艘、御定高を銀高三、五一〇貫目とする。雑物替を銀高三一〇貫九〇〇目とする。輸出銅高を一三〇万斤とする。オランダ方輸出銅高を八〇万斤とする。
同　　三年（一七六六）　長崎御用銅会所を銅座に改める。
天明　二年（一七八二）　唐船御定高三三〇貫目、輸出銅高を三〇万斤とする。
同　　五年（一七八五）　長崎俵物役所を設置する。
寛政　二年（一七九〇）　オランダ方船数一艘、御定高七〇〇貫目、輸出銅高六〇万斤とする。

寛政　三年（一七九一）　唐船数を一〇艘、御定高を銀高二一、七四〇貫目、輸出銅高を一〇〇万斤とする。

同　　十年（一七九八）　オランダ商館に対し、御定高の他に五年間別段荷物銀三〇〇貫目、銅二二万五〇〇〇斤を増す。

享和　元年（一八〇一）　唐船一艘に銀高二七四貫目、別に唐金銀交易及び増売荷物を九六貫目とする。

文化十三年（一八一六）　唐船御定高を銀高二七四貫目、唐金銀交易三六貫目とする。

# 第七章　貿易品

## 輸入品

### 輸入品の種類

江戸時代には、一般に輸入品を糸・反物・薬種・荒物の四類に大別している。もちろん、この分類にあてはまらない性格の品もある。

糸類は、絹を素材とするもので、品名としては白糸・黄糸・ふし糸・ボギー糸・ポイル糸・東京生糸・広南生糸・弁柄糸・撚り糸・縫い糸・金糸などが見られる。

反物は、絹を素材とするものがほとんどで、品名としては紗綾・縮緬・綸子・紬・紗など多数が見られる。ほかには、木綿を素材とする更紗・カンガン布、毛織物の羅紗などのほか、麻布がある。

薬種は漢方薬であり、人参・甘草・肉桂・丁子・胡椒などお馴染みのものが見られる。また、伽羅や沈香などの香料は、薬種の中に含めてもよいが、いくぶんの性格の違いが感じられるので、香料として別に分類した。

荒物は、鹿皮・牛皮・鮫皮などの皮革類、紅木・蘇木などの染料類、水銀・錫などの金属類、それから、一般的には白砂糖・氷砂糖・黒砂糖などの砂糖類が荒物に分類される。しかし、ここでは食品という別項目を立て、砂糖類はそちらに含めた。荒物には、そのほか塗料やいろいろな道具などさまざまな品が見られる。糸・反物・薬種・荒物の四類に分類しにくいものとしては、中国の書物や書画など、また珍しい動物が持ち込まれたり、薬用の植物がとり寄せられたりしたこともある。

江戸時代の初期には、生糸、とくに白糸と呼ばれたものが圧倒的に多く輸入されていたが、次第に製品の反物類の輸入量が多くなっていく。しかし、これらは贅沢品であり、富裕者の需要品であったが、輸入しなくてはならない事情にあったのが薬種である。しかし、これも高価なものであって、一般庶民にとっては容易に使用できるものは少なかった。

## 寛永十八年の唐船二九艘からの輸入品

寛永十八年（一六四一）に、それまで平戸に置かれていたオランダ商館が長崎出島に移転したが、商館長は日々の出来事を日記につけている。その中に、取引きライバルである唐船に関わる記事が見られるが、これは阿蘭陀通詞、すなわちオランダ商館との貿易の場で通訳や取引き上のいろいろな世話をする役目を勤める者が置かれていて、これを通して商館側が得た情報である。すなわち、唐船との貿易の場には、唐通事が置かれていて、彼らは唐船との貿易についてのいろいろな情報を持っており、阿蘭陀通詞と唐通事はともに長崎に住んでいるから、当然のこととして交流があった。そこで、オランダ商館側は、阿蘭陀通詞を通してライバルの唐船に関する情報を得ており、それが商館長の日記に現われているのである。この商館長の日記の記事中に、一年間に唐船が日本に輸出した品物の一覧が見られる。ここでは、寛永十八年（一六四二）の事例を見ておこう。

寛永十八年に、長崎に来航して貿易取引きを行った唐船は、九七艘にのぼっており、このうちの次に示す二九艘については、一船ごとの積荷がわかる。また、二三艘については、その出帆地もわかる（村上直次郎訳『出島蘭館日誌』上巻）。

福州船　七艘　　広東船　五艘　　漳州船　四艘　　安海船　三艘　　東京船　二艘
広南船　一艘　　カンボジア船　一艘　　出帆地不明船　六艘

ここでは、出帆地による唐船の積荷の違いも見ておきたいので、この二九艘の積荷について見ておくことにする。この二九艘の積荷は、第6表に示すようになっている。

(1)　糸類

まず糸類については、ふし糸・白糸・ボギー糸・トンキン生糸・中国白ふし糸・生糸・撚り糸・広南生糸・ポイル糸・白ポール糸の一〇品目が見られる。この数量は合計で一二二、八〇〇斤となっている。すべて絹であるが、絹糸は重量で売買された。一斤は一六〇目で、六〇〇グラムであるから、合計で七三、

第6表　寛永18年唐船29艘の積荷

| No. | 類 | 属 | 品　名 | 数　量 |
|---|---|---|---|---|
| 1 | 糸 | 絹 | ふし糸 | 35,900斤 |
| 2 | 〃 | 〃 | 白糸 | 34,850斤 |
| 3 | 〃 | 〃 | ボギー糸 | 25,050斤 |
| 4 | 〃 | 〃 | トンキン生糸 | 16,750斤 |
| 5 | 〃 | 〃 | 中国白ふし糸 | 7,700斤 |
| 6 | 〃 | 〃 | 生糸 | 1,500斤 |
| 7 | 〃 | 〃 | 撚り糸 | 350斤 |
| 8 | 〃 | 〃 | 広南生糸 | 250斤 |
| 9 | 〃 | 〃 | ポイル糸 | 250斤 |
| 10 | 〃 | 〃 | 白ポール糸 | 200斤 |
| | | | (糸合計) | 122,800斤 |
| 11 | 反物 | 絹 | 白紗綾 | 64,400反 |
| 12 | 〃 | 〃 | 赤縮緬 | 28,700反 |
| 13 | 〃 | 〃 | 白縮緬 | 28,350反 |
| 14 | 〃 | 〃 | 綸子 | 21,865反 |
| 15 | 〃 | 〃 | 白綸子 | 13,550反 |
| 16 | 〃 | 〃 | 緞子 | 11,051反 |
| 17 | 〃 | 〃 | 紗綾 | 10,903反 |
| 18 | 〃 | 〃 | 各種綸子 | 10,000反 |
| 19 | 〃 | 〃 | 上縮緬 | 7,200反 |
| 20 | 〃 | 〃 | 紬 | 5,500反 |
| 21 | 〃 | 〃 | ビロード | 3,043反 |
| 22 | 〃 | 〃 | 北絹 | 1,700反 |
| 23 | 〃 | 〃 | フーフェロン | 1,300反 |
| 24 | 〃 | 〃 | 絹奥嶋 | 1,100反 |
| 25 | 〃 | 〃 | 繻子 | 765反 |
| 26 | 〃 | 〃 | 赤紗綾 | 700反 |
| 27 | 〃 | 〃 | トンキン綸子 | 500反 |
| 28 | 〃 | 〃 | 無地紗綾 | 360反 |
| 29 | 〃 | 〃 | 生は | 350反 |
| 30 | 〃 | 〃 | 紗 | 100反 |
| 31 | 〃 | 〃 | 模様入り繻子 | 80反 |
| 32 | 〃 | 〃 | は | 50反 |
| 33 | 〃 | 〃 | 金襴 | 30反 |
| 34 | 〃 | 〃 | 黒繻子 | 30反 |
| 35 | 〃 | 〃 | 生繻子 | 18反 |
| | | | (属絹合計) | 211,645反 |
| 36 | 〃 | 木綿 | 赤更紗 | 19,490反 |

| No. | 類 | 属 | 品　名 | 数　量 |
|---|---|---|---|---|
| 37 | 反物 | 木綿 | カンガン | 6,390反 |
| 38 | 〃 | 〃 | 白と生のカンガン | 4,800反 |
| 39 | 〃 | 〃 | 生カンガン | 1,950反 |
| 40 | 〃 | 〃 | 更紗 | 780反 |
| 41 | 〃 | 〃 | 奥嶋 | 300反 |
| | | | (属木綿合計) | 33,710反 |
| 42 | 〃 | 麻 | 麻布 | 66,550反 |
| 43 | 〃 | 〃 | 生麻布 | 19,170反 |
| 44 | 〃 | 〃 | 白麻布 | 2,000反 |
| | | | (属麻合計) | 87,720反 |
| 45 | 〃 | 不明 | タビカ布 | 300反 |
| | | | (反物合計) | 333,375反 |
| 46 | 薬種 | | 山帰来 | 59,450斤 |
| 47 | 〃 | 〃 | 胡椒 | 13,600斤 |
| 48 | 〃 | 〃 | 肉桂 | 5,350斤 |
| 49 | 〃 | 〃 | カンボジアの堅果 | 2,000斤 |
| 50 | 〃 | 〃 | 肉桂皮 | 1,500斤 |
| 51 | 〃 | 〃 | 丁子 | 450斤 |
| | | | (薬種単位斤合計) | 82,350斤 |
| 52 | 〃 | 〃 | 薬種 | 4,480包 |
| 53 | 〃 | 〃 | 各種薬草 | 150包 |
| 54 | 〃 | 〃 | 各種薬草 | 4籠 |
| 55 | 〃 | 〃 | 麻黄 | 27本 |
| 56 | 〃 | 〃 | 薬草 | ? |
| 57 | 荒物 | 皮 | 鮫皮 | 42,700枚 |
| 58 | 〃 | 〃 | 鹿皮 | 23,200枚 |
| 59 | 〃 | 〃 | 大鹿皮 | 530枚 |
| 60 | 〃 | 〃 | 牛皮 | 130枚 |
| 61 | 〃 | 〃 | 虎皮 | 3枚 |
| | | | (属皮合計) | 66,563枚 |
| 62 | 〃 | 染料 | シャム蘇木 | 10,000斤 |
| 63 | 〃 | 〃 | 紅木 | 3,000斤 |
| 64 | 〃 | 〃 | 粗紅木 | 3,000斤 |
| 65 | 〃 | 〃 | 蘇木 | 650斤 |
| 66 | 〃 | 〃 | 紫染料 | 300斤 |
| 67 | | | 赤染料 | 300斤 |
| | | | (属染料合計) | 17,250斤 |
| 68 | 〃 | 金属 | 白鑞 | 37,500斤 |
| 69 | 〃 | 〃 | 水銀 | 3,650斤 |

| No. | 類 | 属 | 品　名 | 数　量 |
|---|---|---|---|---|
| 70 | 荒物 | 金属 | 中国錫 | 400斤 |
| 71 | 〃 | 〃 | 錫 | 200斤 |
| | | | (属金属合計) | 41,750斤 |
| 72 | 〃 | 塗料 | 漆 | 7,800斤 |
| 73 | 〃 | 〃 | カンボジア漆 | 750斤 |
| 74 | 〃 | 〃 | トンキン漆 | 650斤 |
| | | | (属塗料合計) | 9,200斤 |
| 75 | 〃 | 陶磁 | 陶磁の小盃 | 22,200個 |
| 76 | 〃 | 〃 | 陶磁の茶碗 | 5,000個 |
| 77 | 〃 | 〃 | 茶碗 | 1,400個 |
| 78 | 〃 | 〃 | 陶器 | 1,000個 |
| | | | (属陶磁合計) | 29,400個 |
| 79 | 〃 | 角 | 水牛の角 | 150本 |
| 80 | 〃 | 〃 | 犀角 | 5本 |
| | | | (属角合計) | 155本 |
| 81 | 〃 | 油 | 鯨油 | 520斤 |
| 82 | 〃 | 〃 | 油 | 7壷 |
| 83 | 〃 | 雑貨 | 括り紐 | 500斤 |
| 84 | 〃 | 〃 | 丸団扇 | 70本 |
| 85 | 〃 | 〃 | カポック | 9,000斤 |
| 86 | 食品 | 砂糖 | 白砂糖 | 953,850斤 |
| 87 | 〃 | 〃 | 氷砂糖 | 157,100斤 |
| 88 | 〃 | 〃 | 黒砂糖 | 100,460斤 |
| | | | (砂糖合計) | 1,211,410斤 |
| 89 | 〃 | 漬物 | 砂糖漬 | 3壷 |
| 90 | 〃 | 飲料 | 茶壷 | 2,698壷 |
| 91 | 香料 | 香 | 沈香 | 1,120斤 |
| 92 | 〃 | 〃 | 白檀 | 500斤 |
| 93 | 〃 | 〃 | 麝香 | 300斤 |
| 94 | 〃 | 〃 | 伽羅 | 100斤 |
| 95 | 〃 | 〃 | 龍脳 | 50斤 |
| | | | (類香料合計) | 2,070斤 |

六八〇キログラムになる。

品目別に見ると、数量的にもっとも多いのは、ふし糸で、二九艘の合計が三五、九〇〇斤となっており、糸合計の約二九%を占めている。出帆地別の積高の傾向を見ると、東京船が二一、二〇〇斤を積んでおり、二九艘中の約五九%にあたっている。以下、広東船の七、六〇〇斤（約二一%）、広南船の七、〇〇〇斤（約一九%）、安海船の一〇〇斤（〇・二七%）と続いている。

次に多いのが白糸で、三四、八五〇斤で糸合計の約二八%を占めている。白糸の積高は安海船が圧倒的に多く、二五、七〇〇斤で約七三%にあたっており、福州船の八、二五〇斤（約二三%）、漳州船の九〇〇斤（約二%）の順となっている。

三位に位置しているのがボギー糸の二五、〇五〇斤で、糸合計の約二〇%にあたっている。船別では、白糸と同様に安海船が抜群に多く約六二%を占め、広東船の六、四〇〇斤（約二五%）、福州船の二、二五〇斤（約九%）、出帆地不明船の八五〇斤（約三%）の順となっている。

四位はトンキン生糸で合計一六、七五〇斤であり、糸合計の約一三%にあたっている。

糸類は、以上の四品目が割合として多く、糸合計の九二%近くをこの四品目で占めている。残りの約八%は、中国白ふし糸・生糸・撚り糸・広南生糸・ポイル糸・白ポール糸の六品目で占めているが、中国白ふし糸が八%中の六%余りを占めているので、生糸以下の五品目は割合としてはきわめて微々たる存在である。

(2) 反物類

和服の生地などに使用される反物であるが、長崎の記録では一般に「端物」と表記されている。絹織物を呉服と呼ぶのに対して、綿織物や麻織物を太物（ふともの）と称している。

反物としては、第6表に示したところでは、絹織物として白紗綾以下生綸子にいたる二五品目・二一一、六四五反、綿織物として赤更紗から奥嶋にいたる六品目・三三、七一〇反、麻織物として麻布から白麻布にいたる三品目・八七、七二〇反、それと素材が明らかでないタビカ布・三〇〇反の合計三三三、三七五反である。この年は毛織物が見えていない。

反物の素材別の割合は、絹織物約六三%、綿織物約一〇%、麻織物約二六%となっている。唐船の出帆地別の反物の積載割合を見ると、安海船約四一%、福州船約三〇%、漳州船約一五%、出帆地不明船約六%、広東船約三%、広南船約二%、東京船約一%となっている。反物は、安海・福州・漳州船の積荷に多く、二九艘中ではこの三出帆地の船で約八七%を占めている。

①絹織物類

反物の中では絹織物が圧倒的に多く、反物全体の約六三%を占めている。そして、絹織物の中では、白紗綾が群を抜いて多く六五、四〇〇反を数え、この一品で反物合計の約一九%を占めている。また、絹織物の中では約三〇%にあたっている。

白紗綾に次いで赤縮緬二八、七〇〇反（反物合計の約八・六%、絹織物合計の約一三・五%）、白縮緬

二八、三三五〇反（反物合計の約八・五％、絹織物合計の約一三・四％）が多くなっている。

なお、出帆地別の積高の傾向を見ると、絹織物合計二一一、六四五反の内訳は安海船約五七％、福州船約一六％、漳州船一四％、広南船約三％、東京船約二％、出帆地不明船約一・六％となっている。安海・福州・漳州の三出帆地の船で約八八％にのぼっている。

②綿織物類

綿織物は、品目としては赤更紗・更紗・カンガン・白と生のカンガン・生カンガン・奥嶋の六品目に過ぎず、積高も三三、七一〇反で、絹織物・麻織物に比較してかなり少なく、反物合計の約一〇％となっている。綿織物の中では、赤更紗が約五八％を占めていてもっとも多く、カンガン（約一九％）、白と生のカンガン（約一四％）などが次いで多くなっている。

出帆地別では、福州船が二三、八六〇反（約七一％）を積んでおり、次いで漳州船七、五六〇反（約二二％）となっており、あとはずっと少なくなっている。

③麻織物

麻織物は、麻布・生麻布・白麻布の三品で、合計八七、七二〇反であり、反物合計の約二六％にあたっている。麻織物の中では、麻布がもっとも多く約七六％を占めている。

出帆地別では、福州船約四七％、安海船約一六・五％、漳州船一五・八％となっており、出帆地不明船が約二〇％を占めている。出帆地不明船は、積荷の性格からすると、おそらく福州、安海、漳州辺から来た船のように思われる。

(3) 薬種

第6表に見られるように、薬種は品物によって数量を示す単位が異なる。用いられている単位は、斤・包・籠・本の四通りが見られる。山帰来・胡椒・肉桂・カンボジアの堅果(にくずく)・丁子の五品目が斤表示で、薬種・各種薬草という品名で書かれているのが包表示、各種薬草が籠表示、麻黄が本表示、薬草は数量が記されていない。ここでは、斤表示のものについて見ておく。

斤表示の薬種の合計は八二、三五〇斤(四九、四一〇キログラム)である。このうちでは、山帰来が抜群に多く五九、四五〇斤(約七二%)となっている。ほかは、胡椒が一三、六〇〇斤(約一六%)とやや多くなっている以外は僅少である。

出帆地別の傾向は、広東船の三四、〇〇〇斤(約四一%)、広南船の二五、三〇〇斤(約三一%)が多くを占めている。地域の特色としては、たとえば胡椒は広南船にしか、肉桂皮はカンボジア船にしか積まれていない。もっとも積高の多い山帰来は、数量のばらつきは見られるが、どの出帆地からの船にも積まれている。

(4) 荒物類

荒物には、一般に砂糖を含めるが、ここでは別に食品という分類項目を設け、砂糖は食品に含めることにする。したがって、荒物は第6表の鮫皮から丸団扇までの二八品目である。

①皮革類

荒物の中で、かなりの数量にのぼっているのが皮革類であり、鮫皮・鹿皮・大鹿皮・牛皮・虎皮の五品目で六六、五六三枚となっている。単位は同じ枚表示ではあっても、各品目によって性格がかなり異なるので、数量の比較は無意味なところもあるが、ちなみに検討しておくと、このうち、鮫皮の四二、七〇〇枚（約六四%）がもっとも多くなっている。次いで鹿皮の二三、二〇〇枚（約三五%）が多く、この二品目で九九%ほどを占めている。

出帆地別の傾向としては、大鹿皮・牛皮・虎皮の三品は、カンボジア船以外には積まれていない。鮫皮は東京船だけに見られず、広南船が約七九%を占め、広東船の約一三%がこれに次ぎ、この二出帆地の船で約九三%近くにのぼっている。鹿皮は漳州船が約七三%、広東船が約一七%を占めている。

②染料

染料は、シャム蘇木・蘇木・紅木・粗紅木・紫染料・赤染料の六品目で、合計一七、二五〇斤を積んで来ている。割合を見ると、シャム蘇木（五七・九七%）・紅木（一七・三九%）・粗紅木（一七・三九%）・蘇木（三・七七%）・紫染料（一・七四%）・赤染料（一・七四%）という状況である。

出帆地別の傾向は、蘇木は安海船、シャム蘇木は漳州船、紅木は広南船、粗紅木は広東船、紫・赤染料はカンボジア船と、きわめて特徴のある積方を見せている。

③金属

金属類は、白鑞・水銀・中国錫・錫の四品で、四一、七五〇斤となっている。白鑞だけで約九〇%を占めており、水銀が約九%弱で、錫はきわめて少量である。白鑞は、福州船（一六、一〇〇斤）と漳州船（六、九五〇斤）・広東船（六、六〇〇斤）が比較的多く積んでおり、カンボジア船はまったく積んで来ていない。

④塗料

塗料としては、漆・カンボジア漆・トンキン漆の三品目が見られ、合計で九、二〇〇斤となっている。漆（七、八〇〇斤・塗料合計の約八五%）・カンボジア漆（七五〇斤・約八%）・トンキン漆（六五〇斤・約七%）という割合である。漆は、福州船・広東船・カンボジア船に、カンボジア漆は広南船に、トンキン漆は東京船に積まれている。

⑤陶磁器

陶磁器としては、陶磁の小盃・陶磁の茶碗・茶碗・陶磁の四品目が見られ、合計で二九、四〇〇個となっている。陶磁の小盃（二二、〇〇〇個・約七五%）・陶磁の茶碗（五、〇〇〇個・約一七%）・茶碗（一、四〇〇個・約五%）・陶磁（一、〇〇〇個・約三%）となっている。陶磁の小盃・陶磁の茶碗は福州船に、茶碗・陶磁は安海船に積まれている。

⑥角・油・雑貨

ほかに、水牛の角（一五〇本・広南船積載）、犀角（五本・広南船積載）、鯨油（五二〇斤・広東船積載）、油（七壷・福州船積載）、括り紐（五〇〇斤・福州船積載）、丸団扇（七〇本・広南船積載）、カポック（九、〇〇〇斤・カンボジア船積載）などの品目が見られる。なお、カポックは真綿のことである。

(5) 食品

白砂糖・氷砂糖・黒砂糖・砂糖漬・茶壷（茶の入った壷）の五品を食料の分類に入れた。砂糖は、白砂糖・氷砂糖・黒砂糖の三品で一、二一一、四一〇斤（七二六、八四六キログラム）にのぼっている。中でも白砂糖が最多で約七九％（九五三、八五〇斤）を占め、氷砂糖は約一三％、黒砂糖は約八％となっている。

出帆地別の傾向としては、福州船が三六九、〇五〇斤（約三〇％）、漳州船が九八、一六〇斤（約八％）、広東船が七一、二〇〇斤（約五・九％）となっているが、出帆地不明船が六三二、六〇〇斤（約五二％）でもっとも多くなっている。出帆地はわからないが、おそらくは福州・漳州、広東辺から来た船のように推測される。

(6) 香料

香料は、あるいは薬種に含めてもよいが、ここでは別建てとした。沈香・白檀・麝香・伽羅・龍脳の五品目である。沈香一、一二〇斤（約五四％）・白檀五〇〇斤（約二四％）・麝香三〇〇斤（約一四％）・伽羅一〇〇斤（約五％）・龍脳五〇斤（約二％）という状況である。

出帆地別の傾向は、福州船は麝香しか積んでおらず、広東船は沈香と麝香、漳州船は香料を積んでいない。安海船は麝香、東京船は沈香と白檀、広南船は沈香と伽羅と龍脳を積んでいる。カンボジア船は白檀しか積んでいない。

## 寛永十八年のオランダ船の積荷

『長崎オランダ商館の日記』には、当然のことながらオランダ船の積荷の記事も見られる。寛永十八年（一六四一）に長崎に来たオランダ船の積荷を見ておこう。

寛永十八年には、六月十四日（一六四一年七月二一日）にロホ号、六月十六日（同七月二三日）にオランジュンボーム号、六月二十五日（同　八月一日）にコニンギンネ号、同七月二十三日（同　八月二九日）にバイス号が長崎に到着している。ちなみに、ロホ号とオランジュンボーム号の積荷は次のようである。

〔ロホ号の積荷〕

| | | | |
|---|---|---|---|
| 白支那生糸 | 六、九四五斤 | 黒ゴベロン | 一七反 |
| 黄支那生糸 | 四、三七七斤 | 絹紗 | 二四三反 |
| 撚り絹縫糸 | 三八六斤 | さらさ | 一、二〇〇反 |
| 緋絹縫糸 | 七七八斤 | 麻布 | 三九、三〇〇反 |
| 生ポイル生糸 | 二、四〇八斤 | カンガン布 | 九一〇反 |
| 黒繻珍 | 一、〇五三反 | サカム黒砂糖 | 二四、六七五斤 |
| 黒小幅緞子 | 二、六六三反 | ロホの皮 | 九、〇〇〇枚 |

〔オランジュンボーム号の積荷〕

| | | | |
|---|---|---|---|
| 生糸 | 七、八〇一斤 | 麻布 | 四五、九九〇反 |
| 黄生糸 | 一〇、一五一斤 | 生カンガン布と白カンガン布 | 七、六九〇反 |
| 白絹撚糸 | 一八一斤 | 色カンガン布 | 一、一六〇反 |
| 赤絹撚糸 | 五〇六斤 | 朱肉 | 五〇斤 |
| ジタウ | 四九〇斤 | オランダ水銀 | 一一、三六九ポンド |
| びろうど | 二八六反 | シャム赤砂糖 | 四七、〇〇〇斤 |
| タファセル・ギンガン | 六一四反 | 土茯苓 | 二、二六二斤 |
| 緞子 | 六一四反 | ガリガ | 五二六斤 |
| 鹿の皮 | 一五、二三八枚 | 虎の皮と大鹿の皮 | 三枚 |
| ロホの皮 | 四、五三〇枚 | | |

品目は、ほとんど唐船と同様である。黒ゴベロン・黒繻珍・黒小幅緞子は絹織物、ロホの皮は鮫皮のこと。　ジタウは藺の外皮、ガリガは赤色染料である。

**輸入禁止品**

長崎貿易で最初に輸入を禁止されたものは、それを命じた法令は明白ではないが、おそらくキリスト教に関係するものであろう。慶長十七年（一六一二）の岡本大八事件の後、幕府のキリスト教禁止が厳しくなるので、多分この頃からキリスト教関係の文物の持込みが取り締られたものと思われる。しかし、この禁止令はいまだ紹介されていないようである。

キリスト教関係では、寛永七年（一六三〇）に三二種の中国の書物が禁止されたといわれる。すなわち、唐船から書物を輸入していたが、はじめは中国の書物にはキリスト教に関係するものがないと思われていた。しかし、そうではなく中国の書物の中にも、キリスト教に関係するもののあることが明らかとなり、幕府は輸入してはならないとする書目を規定した。すなわち、禁書目録を出したというのである。その書目は、史料によって、いくぶん異なるが、一般的には次の三二種とされている。

| | | | | | | |
|---|---|---|---|---|---|---|
| 天学初函 | 西学凡 | 弁学遺牘 | 天主実義 | 畸人十篇 | 交友論 | 二十五言 |
| 霊言蠡勺 | 七克 | 職方外紀 | 泰西水法 | 渾蓋通憲図説 | 幾何原本 | 表度説 |
| 天問略 | 同文算指前編 | 同文算指通編 | 圜容較義 | 測量法義 | 測量法義異同 | 勾股義 |
| 簡平儀説 | 三山論学紀 | 万物真原 | 弥撒祭義 | 滌罪正規 | 聖記百言 | 教要解略 |
| 十慰 | 況義 | 天主実義続編 | 代疑論 | | | |

右に示したのが、いわゆる「寛永禁書目録」に現れている輸入禁止とされた書目であるが、この目録は一般には寛永七年に定められたといわれるが、この年に定められたものかどうかは疑わしい。すなわち寛永七年に、長崎にキリシタン対策の一つとして春徳寺というお寺が建てられた。この住職の泰室清安が漢

籍についての知識が豊富であったので、唐船からの輸入時に書物を検閲する役目（書物改め役）を命じられたといわれ、このときに、輸入禁止とする漢籍として、この禁書目録が決められたといわれている。

しかし、この当時は、唐船は日本のどの港で貿易してもよいとされており、長崎だけで唐船貿易が行われるとは限らない状況であった。したがって、たとえば薩摩領の港などにも唐船が渡来する状況であったので、唐船の積荷を春徳寺の住職が一人でチェックできるはずもなく、実行不可能な状況なのである。そして、寛永十三年（一六三六）から唐船の貿易港が長崎一港に制限されるが、この年から唐船の積荷改め（荷役）が制度として成立する。したがって、これ以前においては、長崎入津の唐船の積荷は、ある程度改められてはいたようであるが、長崎奉行所の役人が立ち会ってきちんと積荷改めが行われていたかどうかは疑わしい。このような時期に、唐船貿易の取引きの現場で、春徳寺の住職一人で多数の唐船の積荷中における書物の検閲にあたったなどとはとても考えられないことである。、唐船の書物の検閲が行われることになったのは、おそらく早く見ても寛永十三年以降のことであろう。寛永十六年に、幕府はポルトガル船の日本寄港を禁止した。この後に、幕府はポルトガル船に対してこのような処置を講じたこと、日本に伴天連を乗せて来てはならないことなどを、唐人やオランダ商館に伝えている。また、ことずかった切支丹関係の文物を海外から日本に持ち渡ってはならないことを命じている。

ところで、「長崎御役所留」（内閣文庫所蔵）という長崎奉行所の記録があるが、これには寛永十六年の禁書目録が掲載されている。したがって、状況的には、禁書目録の制定は寛永十六年頃と見た方が適切のように思われる。そして、書物改めに春徳寺の住職泰室清安があたったので、春徳寺関係の史料では、その建立された寛永七年の当初から書物改め役を命じられたように書かれたのではなかろうか。

この三二種の寛永禁書には、キリスト教の内容に関わるものもあるが、天文学や測量技術の本などキリスト教の内容に直接関係のない書物も含まれている。これは、その著作や刊行にキリスト教徒が関わっているというだけで禁止となったもので、国内で実害がないものと判断されたものは、後に輸入禁止が解かれたものもある。また反対に、キリスト教に関わる内容を持つ書物が新たに見つけ出され、禁書に加えられた。

ちなみに、後に禁書に加えられた書名を次に紹介しておく。

寰有詮　福建通志　地緯　天経或問後集　帝京景物略　西堂全集　三才発秘
願学集　西湖志　禅真逸史　譚友夏合集　方程論　名家詩観　檀雪斎集
増訂広輿記　堅瓠集　天方至聖実録年譜　聖像略説　天主十誡解略　絶徼同文紀　闢邪集
奇器図説　性理大中　疑耀　明史稿

なお、このほかにも部分的に不適等な記事があり、その部分を塗りつぶせば輸入してもよい、とされた書物もあった。

## 寛文八年の輸入禁止品

キリスト教関係のもの以外にも、輸入を禁じられていたものが多数ある。幕府は、寛文八年（一六六八）「申三月」付けの「覚」で、

薬種之外植物之類　生類　小間物道具　金糸　薬種ニ不成唐木　珊瑚樹　たんから　丹土　阿蘭陀曲物惣而翫物之類　伽羅皮　ひょんかつ　衣類ニ不成結構織物

を「当年より日本江不可持渡候、堅無用之由被仰出候」と命じている。生類・金糸・珊瑚樹・たんから・丹土・伽羅皮・ひょんかつの七品は、具体的な品名であるから貿易取引きの現場において判別しやすいが、たとえば、小間物道具・阿蘭陀曲物惣而翫物之類・衣類ニ不成結構織物などは、具体的にどの品がこれに該当するのか、わかりにくいところがある。貿易取引きの現場では、輸入時に容易に判別できるようにしておく必要があった。そこで、おそらくは長崎において、貿易品の一品目レベルにおいて輸入禁止品に相当するか否かの吟味が行われたのであろう、かなり細かに輸入禁止の品名を記した記録が残されている。それによれば、具体的な輸入禁止品目は、次のとおりである。

生類　薬種之外植物　薬種に不成唐木　伽羅皮　ひょんがつ　たんがら　丹土　器物惣而翫物類　細物道具いろいろ　金物　花入　香炉　鏡　喚鐘　仏　人形　燭台　鉦　香箱　火入　茶碗鉢皿　文鎮　筆架　水入　硯屏　水指　水翻　食籠　印籠　重印籠　眞壷　茶出し　卓　花台　香台　棚　菓子盆　いろいろ　料紙箱　硯箱　筆軸　箪笥　絵並びに文字　青貝類いろいろ　筆　櫛　書簡紙色紙　針　扇子　団扇　硯石　吹立筒　灯籠　絵簾　瑠璃燈　珠数いろいろ　絵図いろいろ　徳利　石盤　升降

図　玉子之殼　びいどろ道具いろいろ　火熨斗　しゅんめいら　きせる　阿蘭陀造り船　作り物　金唐革　阿蘭陀箔　かつふり　切之類　手拭　珠之類　石之緒留いろいろ　練物之玉

以上の品々は、おもに唐船を対象とする輸入禁止品であるが、オランダ商館を対象とする輸入禁止品は次のようである。

堆朱青貝卓之類　同箪笥　同硯筥文庫　同香筥類　同食籠類　同盆之類　同筆之軸　硯屏類　唐金焼物筆架水入類　同香爐花入　水指　焼物茶碗類　壷並びに茶入類　仏　墨跡並びに唐絵掛物　唐絹軸物並びに押絵　毛織之類　金糸　衣類に不成織物　珊瑚珠　瑪瑙　琥珀　水晶数珠　生類　薬種之外植物　薬種に不成唐木　器物並びに氈類

以上が、寛文八年（一六六八）に輸入禁止となった品々である。一般に小間物と称されていた品が多い。なければなくてすむと考えられた品物である。

ところで、寛文八年になぜこのような品々の禁止が発令されたのかというと、それは銀の輸出抑制に関ってとられた処置である。すなわち、明暦元年（一六五五）に糸割符仕法が廃止され、白糸も一般貿易商人の相対売買に開放された結果、長崎貿易では国内輸入商人による競買い（せりがい）が展開されて、輸入価格が騰貴していった。これによって、唐船やオランダ商館への支払い額が増大し、その決済が銀で行われていたために、多量の銀が国外へ流失することになった。このことによって、国内の使用銀の不足が懸念されるようになって、幕府はその対策に本腰を入れることになるが、その一方策として、小間物を中心とした、要するになければなくてすむような品物の輸入を禁ずるに至ったのである。

しかし、これらの品々は、元禄十年（一六九七）に輸入解禁となっている。

## 輸　出　品

### 金銀銅

長崎では、唐船やオランダ商館から日本の商人が品物を輸入すると、その代金は銀貨で支払われた。寛文八年（一六六八）以前においては、唐人・オランダ商館ともに、その銀貨で長崎滞在中の諸経費と船が破損した場合にはその修理費を支払った（この経費を「遣捨」という）。そしてまた、日本の品物をほしい場合には、その銀貨で買い求めた（これを「買物」という）。そして、この「遣捨」と「買物」に使用した残りの銀貨は、そのまま日本から持ち帰った。日本の銀貨が、外国で国際通貨として使用できたわけではないが、銀そのものであるので、銀としての価値を持っていたのである。

ところが、長崎での貿易では、一度唐人やオランダ商館へ支払った銀貨は、「遣捨」や「買物」によって日本側に戻って来る部分があるものの、その大部分は海外へ持ち出され、そのために、日本国内で使用する銀貨の不足が心配されるようになった。

たとえば、「鎖国」制下の長崎貿易で、もっとも多くの輸出を記録したのは寛文元年（一六六一）であ

るが、同年の輸出の状況は、

唐船　三九艘　　オランダ船　一一艘

輸出高合計　銀高　三八、四四二貫四一六匁

内訳

銀　　銀高　三一、三一三貫〇三二匁　（八一・四五％）

買物　銀高　五、六六九貫二三二匁　（一四・七五％）

遺捨　銀高　一、四六〇、一五二匁　（三・八％）

となっており、銀の輸出高は三万一千貫目を超過しており、輸出高の約八一％を占めている。一年間に三万貫目を超過する銀の輸出を記録したのは、この寛文元年（一六六一）だけであるが、この前後の年は、次のように、きわめて多額の銀が輸出されている。

万治元年（一六五八）　銀高　一六、六六九貫〇八七匁

同　二年（一六五九）　銀高　二五、三六一貫二九三匁

同　三年（一六六〇）　銀高　二四、四一九貫六七一匁

寛文二年（一六六二）　銀高　一八、九〇二貫六六四匁

同　三年（一六六三）　銀高　九、〇八二貫七四六匁

同　四年（一六六四）　銀高　二二、二六六貫一五七匁

以上のような状況であるが、ところが、この時期の銀座における銀貨の鋳造高は一年間に、およそ七千貫目ほどであったといわれるから、このような状況が続いたのでは、国内の使用銀貨の不足が心配されたのはもっともなことである。

このような事態により、幕府は寛文四年に、寛永十八年（一六四一）年以来禁止してきた金の輸出を解くことになる。

しかし、唐船は日本からの金（小判）の輸入では利益が得られなかったので、唐船に対する金（小判）の輸出は進展しなかったが、オランダ商館は、コロマンデル地方（ベンガル湾沿岸）へ持って行くと、一両につき銀高二〇目以上の利益が得られたといわれ、金（小判）の輸入を嫌わなかったので、オランダ商館に対しては、寛文八年以降は銀の輸出が禁止となり、もっぱら金（小判）を中心とする輸出が行われた。

また、銅の輸出を促進させている。幕府は、寛永十四年（一六三七）に寛永通宝の鋳造のために銅の輸出を禁止したが、正保三年（一六四六）にこれを解禁し、この後、次第に銅の輸出が量を増していく。先に記した「買物」の大部分はこの銅である。とくに元禄四年（一六九一）以後は、四国の別子銅山が開坑されて、多額の産銅を開始したこともあって、元禄期以降は輸出品の中心は銅となった。

以上のように、輸出品についてははじめは銀が中心であったが、この不足が懸念された寛文期以降になると、オランダ商館に対しては金（小判）中心の輸出となり、元禄期以降になると唐船、オランダ商館とともに銅の輸出が中心となる。

## 俵物・諸色の輸出

元禄期以降になると、金銀の輸出はかなり押さえられ、もっぱら銅が輸出品の中心となるが、一方において、俵物・諸色の輸出も促進される。鱶鰭・干鮑・煎海鼠が俵物三品と称されて、唐船に対する輸出品として期待されることになる。また、諸色は、本来はいろいろな品をいうのであるが、元禄期以降になると、この諸色の中にでも海産物が注目されるようになる。昆布・わかめ・鶏冠草・天草・鯣などである。このほかには、酒や醤油なども輸出された。金額においてはあまり多額ではなかったが、品数の多さにおいて抜群なのは小間物・道具類である。一例として、宝永六年（一七〇九）に輸出されているおもな小間物名を次に記す。

蒔絵火鉢　蒔絵香台　蒔絵香盆　蒔絵はさみ箱　蒔絵櫛箱　蒔絵文庫　蒔絵書棚　蒔絵香箱　蒔絵文箱　蒔絵脇息　蒔絵小盆　蒔絵文台　蒔絵硯箱　蒔絵小香台　蒔絵伽羅入　蒔絵火鉢台　蒔絵菓子盆　蒔絵菓子台　蒔絵碁筒　蒔絵たらい　蒔絵香炉台　蒔絵盆　蒔絵たばこ盆　蒔絵水こぼし　蒔絵帽子箱　蒔絵折敷　蒔絵椀　蒔絵筆立　蒔絵卓　蒔絵しつほく　蒔絵吹筒　銅風呂　銅食鉢　銅なべ　赤銅香炉　銅薬缶　銅火鉢　銅いもおろし　銅網　銅ゆせん　銅蝋燭立　赤銅きせる　真鍮香箱　真鍮帯留　真鍮うでかね　真鍮蚊屋釣手　真鍮髪さし　焼物茶碗　焼物花立　染付茶碗　塗菓子台　塗重箱　赤塗重箱　厨子入観音　厨子入仏　舎利塔　人形　はかた人形　造り物犬　伽羅箱　硯箱　櫛箱　丸盆　たばこ盆　盛台　さかづき　針口　針さし　引飯　白粉　扇子　帯留　きせる　火ともし　吸

物碗

以上のように、小間物の中では蒔絵や銅・真鍮の道具類が多くなっている。

# 参考文献


箭内　健次『長崎』　至文堂　一九五九
中田　易直「なぜ鎖国したか」(『日本史の争点』)　毎日新聞社　一九六一
武野　要子「鎖国前後におけるポルトガル交渉史」(「歴史教育」一〇ノ九)　一九六二
中村　孝志「鎖国前後のオランダ交渉」(「歴史教育」一〇ノ九)　一九六二
石原　道博「鎖国前後における中国との関係」(「歴史教育」一〇ノ九)　一九六二
岩生　成一「鎖国」(『岩波講座　日本歴史　近世　二』)　岩波書店　一九六三
山脇悌二郎『近世日中貿易史の研究』　吉川弘文館　一九六〇
山脇悌二郎『長崎の唐人貿易』　吉川弘文館　一九六四
中田　易直「鎖国」(『日本史の問題点』)　吉川弘文館　一九六五
岩生　成一『鎖国』(『日本歴史　一四』)　中央公論社　一九六六
沼田　次郎『日本と西洋』(『東西文明の交流　六』)　平凡社　一九七一
朝尾　直弘『鎖国』(『日本の歴史　一七』)　小学館　一九七五
中田　易直『近世対外関係史論』　有信堂高文社　一九七七

森克己・沼田次郎『対外関係史』（『体系日本史叢書　五』）　山川出版社　一九七八
永積　洋子『平戸オランダ商館日記』（『日記・記録による日本歴史叢書　近世編　七』）そしえて　一九八一
武田万里子『平戸イギリス商館日記』（『日記・記録による日本歴史叢書　近世編　七』）そしえて　一九八一
中田　易直『近世対外関係史の研究』　吉川弘文館　一九八四
三宅　英利『近世日朝関係史の研究』　文献出版　一九八六
長崎県史編集委員会『長崎県史　対外交渉編』　吉川弘文館　一九八六
中村　質『近世長崎貿易史の研究』　吉川弘文館　一九八八
荒野　泰典『近世日本と東アジア』　東京大学出版会　一九八八
太田　勝也「日本近世の対外貿易に関する統計資料(4)」（『図書館情報大学研究報告』七―一）一九八八
山本　博文『寛永時代』　吉川弘文館　一九八九
若松　正志「長崎会所の設立について」（『歴史』七四）　一九九〇
太田　勝也『鎖国時代長崎貿易史の研究』　思文閣出版　一九九二
喜舎場一隆『近世薩琉関係史の研究』　国書刊行会　一九九三
高瀬弘一郎『キリシタンの世紀』　岩波書店　一九九三
山本　博文『鎖国と海禁の時代』　校倉書房　一九九五
太田　勝也「「徳川鎖国」の本質」（『中央史学』二〇）　一九九七

# あとがき

なるべく平易に書くように努めたが、わかりやすく書くということは、できるだけ具体的に書くということでもある。しかし、これはなかなか難しいことである。事の真相を詳細に解明し理解できていないと、具体的に書くことができない。ところが、史料に現われる見なれない語句やどうにも意味がわらない文章があったり、いく通りにも解釈可能な曖昧な部分などが結構多くあり、判断に苦しむことしきりである。また、その持っている重要性を感じとることはできるが、それに関する史料がなかなか整わず、結局、書けずに残した課題も多くある。力不足を痛感するばかりであるが、今後に期したいと思う。

原史料の引用はできるだけ少なくしたが、そのために、いくぶん理解しにくい部分を残すことになったところもあるかもしれない。また、先学の研究は本文中に示したものもあるが、割愛したものも多い。巻末に、参考文献として、いくつか上げたが、なお割愛したものが多い。どうか御海容のほどをお願いしたい。

本書の出版に際しては、村上直先生にお世話をいただいた。また、長崎市立博物館長の原田博二氏からは貴重な写真の提供を受けた。さらに、綿抜豊昭先生には、ご多忙のところ校正をお引き受けいただき、同成社の山脇洋亮氏をはじめ編集部の方々には、いろいろとお世話をおかけした。末尾ながら謝意を表する次第である。

平成十二年十月

太田　勝也

# 長崎貿易

**著者略歴**
太田　勝也（おおた・かつや）
1943年　北海道に生まれる。
1966年　中央大学文学部卒業。
1971年　中央大学大学院文学研究科国史学専攻修了。
現在、図書館情報大学教授。文学博士。
主要編著書
『近世における駄賃稼ぎと商品流通』、『日本林業・林政の史的研究』（北條浩氏と共編）、『鎖国時代長崎貿易史の研究』他
現住所　〒192-0061　東京都八王子市平岡町２−６

2000年12月10日発行

著　者　太　田　勝　也
発行者　山　脇　洋　亮
印刷者　㈱　深　高　社
モリモト印刷㈱

発行所　東京都千代田区飯田橋４−４−８　東京中央ビル内　同成社
TEL　03-3239-1467　振替00140-0-20618

Printed in Japan The Dohsei Publishing Co.,
ISBN4-88621-211-5 C3321

## 同成社江戸時代史叢書

### ⑤芭蕉と江戸の町
横浜文孝著
四六判　一九二頁　二二〇〇円

延宝八年（一六八〇）秋、芭蕉は深川に居を移す。諸説と異なり、その事情を火災に見出す著者は、災害をとおしてみた江戸を描くことによって、芭蕉の深層世界に迫ろうと試みる。

### ⑥宿場と飯盛女
宇佐美ミサ子著
四六判　二三二頁　二五〇〇円

江戸時代、宿場で売娼の役割をになわされた飯盛女（めしもりおんな）たち。その生活と買売春の実態に迫り、彼女たちが宿駅制の維持にいかに利用されたのかを「女性の目線」からとらえる。

### ⑦出羽天領の代官
本間勝喜著
四六判　二四〇頁　二八〇〇円

江戸幕府の直轄領として最遠の地にあった出羽天領。ここにも名代官、不良代官、さまざまな代官がいた。彼らの事績をたどり、幕府の民衆支配の実態にせまる。

### ⑨幕末農民生活誌
《近刊予定》
山本光正著
四六判　二六四頁　二八〇〇円（予価）

江戸時代から明治時代にかけて書きつがれていったある農家の「日記」をもとに、幕末の農村に暮らす人びとの信仰・旅・教育などの生活風景を描きつつ、近世の農民生活の具体像にせまる。